电动汽车维修
从零基础到实战
（图解·视频·案例）

九品车事◎编著

中国水利水电出版社
www.waterpub.com.cn
·北京·

内 容 提 要

本书以电动汽车的电动化系统知识和维修技术为主，依次讲解动力电池系统维修、充电系统维修、配电系统维修、驱动电机系统维修、空调和热管理系统维修、减速器维修、整车控制系统维修七大部分内容。每章以"基础的结构认知 → 电气原理 → 控制策略 → 故障诊断检测 → 维修操作方法"的结构，从基础到实战渐进讲解，文字与图表相结合，言简意赅，思路清晰，易学易懂。本书内容侧重于实际维修应用。

本书可作为汽车维修及相关人员学习用书，尤其适合初学者阅读。同时本书也可以作为相关企业的培训用书和专业院校师生的参考用书。

图书在版编目（CIP）数据

电动汽车维修从零基础到实战：图解·视频·案例 /
九品车事编著 . —北京：中国水利水电出版社，2023.5 （2024.11重印）.
　ISBN 978-7-5226-1275-1

Ⅰ . ①电… Ⅱ . ①九… Ⅲ . ①电动汽车—车辆修理
Ⅳ . ① U469.720.7

中国国家版本馆 CIP 数据核字 (2023) 第 060593 号

书　　名	电动汽车维修从零基础到实战（图解·视频·案例） DIANDONG QICHE WEIXIU CONG LING JICHU DAO SHIZHAN（TUJIE·SHIPIN·ANLI）
作　　者	九品车事　编著
出版发行	中国水利水电出版社 （北京市海淀区玉渊潭南路1号D座 100038） 网址：www.waterpub.com.cn E-mail：zhiboshangshu@163.com 电话：（010）62572966-2205/2266/2201（营销中心）
经　　售	北京科水图书销售有限公司 电话：（010）68545874、63202643 全国各地新华书店和相关出版物销售网点
排　　版	北京智博尚书文化传媒有限公司
印　　刷	三河市龙大印装有限公司
规　　格	185mm×260mm　16开本　14.5印张　284千字
版　　次	2023年5月第1版　2024年11月第2次印刷
印　　数	3001—6000册
定　　价	88.00元

前　言

从汽车发展历史来看，电力驱动汽车并不是新事物。首次打破 100km/h 速度极限的车辆不是汽油驱动汽车，而是一辆电动汽车。但是最终因为蓄电池技术不成熟，电动驱动装置未能经受住内燃机的冲击，随着电机作为启动装置被用于内燃机车辆，电动车逐渐消失。

如今，电动汽车已经成为汽车市场的重要组成部分。挪威提出于 2025 年禁售传统燃油车，荷兰提出于 2030 年禁售传统燃油车，接着德国、法国、英国等也都提出了传统燃油车和油电混动汽车的停售时间，而国内部分知名车企也给出了禁售燃油车时间，这无疑加快了研发和生产电动汽车的步伐。电动汽车市场活跃，在销量逐年上升的同时，也必将给汽车维修人员带来前所未有的技术挑战，"学技术"必将成为一种常态。鉴于此，我们组织编写了《电动汽车维修从零基础到实战（图解·视频·案例）》。

本书以电动汽车的电动化系统知识和维修技术为主，依次讲解动力电池系统维修、充电系统维修、配电系统维修、驱动电机系统维修、空调和热管理系统维修、减速器维修、整车控制系统维修七大部分内容。每章以"基础的结构认知→电气原理→控制策略→故障诊断检测→维修操作方法"的结构，从基础到实战渐进讲解，文字与图表相结合，言简意赅，思路清晰，易学易懂。本书侧重于实际维修应用。

本书不作为维修业务依据，仅作为汽车维修及相关人员学习用书，尤其适合初学者阅读。同时本书也可以作为相关企业的培训用书和专业院校师生的参考用书。

本书编写参考了大量的技术文献资料、相关书籍、原车维修手册等，在此谨向为本书编写提供帮助的同志们及相关文献作者表示衷心的感谢！

由于编者水平有限，书中难免存在错漏之处，敬请广大读者批评、指正。

编　者

2022 年 12 月

目　录

第1章　动力电池系统维修

1.1　动力电池系统认知

1.1.1 | 三元锂电池

电动汽车普遍使用三元锂电池和磷酸铁锂电池这两种高压蓄电池为动力电池。三元锂电池能量密度相对较高，对于续航里程有要求的纯电动汽车，三元锂电池前景更广，是目前动力电池主流方向。三元锂电池又被称为"三元高聚物锂电池"，一般是指采用镍钴锰酸锂（或镍钴铝酸锂）为三元正极材料的锂电池，把镍盐、钴盐、锰盐作为三种不同的成分按比例进行不同的调整，所以称之为"三元"。

按正极材料三元锂电池可分为三元锂离子电池、磷酸铁锂（离子）电池、钴酸锂（离子）电池、锰酸锂（离子）电池和钛酸锂（离子）电池等。钴酸锂电池可以说是锂电池的鼻祖，它最先用在特斯拉电动汽车上，但由于其循环寿命和安全性都较低，并不适用作动力电池。为了弥补这个缺点，特斯拉电动汽车运用了被称为"世界上最顶尖的电池管理系统"来保证电池的稳定性。钴酸锂电池目前在计算机、通信和消费性电子领域的市场份额很大。

> **举例说明：**
>
> 锰酸锂电池最先由电池企业远景动力（Envision AESC）推出，锰酸锂代表车型为日产聆风，由于其价格低，能量密度中等，安全性也一般，因此逐步被新的技术所替代。接着是磷酸铁锂电池，作为比亚迪的主打，其稳定性好，寿命长，且具有成本优势，特别适用于需要经常充、放电的插电式混合动力汽车，其缺点是能量密度一般。

动力电池用于吸收、存储和提供电能，以供电驱动装置和高压车载网络设备使用。高压蓄电池单元由多个电池单元模块组装而成，每个电池单元模块分别带有多个单格电池。电池单元模块相互串联在一起通过外部电网以及制动能量回收，为高压蓄电池单元充电。

1.1.2 | 锂电池性能特点

1 锂电池充放电原理

电池放电是将化学能转化为电能，而充电则相反，是将电能转化为化学能，也即通过电子在正、负极之间的转移实现充放电。要想成为好的能量载体，电池材料就要以尽可能小的体积和重量，存储和搬运更多的能量。因此，需要满足原子相对质量要小、电子转移比例要高、得失电子能力要强的基本条件，电池材料锂就具备了这三个条件。

图1-1所示的是锂电池充放电过程，在锂电池的充放电过程中，锂离子处于正极→负极→正极的运动状态。

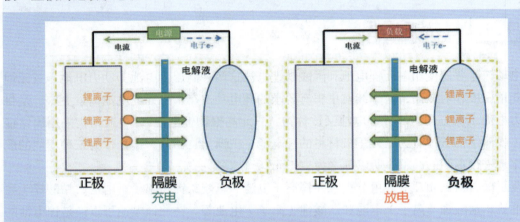

图1-1 锂电池充放电过程

（1）充电。当对锂电池充电时，电池的正极上有锂离子生成，生成的锂离子经过聚合物电解质隔膜运动到负极。而作为负极的碳呈层状结构（碳层），它有很多微孔，到达负极的锂离子就嵌入到碳层的微孔中，嵌入的锂离子越多，充电容量越高。

（2）放电。使用电动汽车（动力电池）的过程中，也就是锂电池放电时，嵌在负极碳层中的锂离子脱出，又回到正极。回到正极的锂离子越多，放电容量越高。这里所说的放电容量也就是电池容量。

2 充放电特性

锂电池充电从安全、可靠及兼顾充电效率等方面考虑，通常采用阶段式充电方法。第一阶段为恒流限压，第二阶段为恒压限流。锂离子电池充电的最高限压值根据正极材料的不同而有一定的差别。

3 安全性

锂离子电池在热冲击、过充、过放和短路等情况下，其内部的活性物及电解液等组分间将发生化学、电化学反应，产生大量的热量与气体，使电池内部压力过大，在一定程度上可能导致电池着火，甚至爆炸。

4　热特性

电池放电电流越大，正极处的温度上升越快，并且温度极值越高。在环境温度较高，并且电池大功率放电的情况下，必须采用散热措施，以避免产生安全问题。充电倍率越大，电池温度上升越快，温度峰值也越大。

5　动力电池性能指标

动力电池性能指标见表 1-1 和表 1-2。

表 1-1　动力电池性能指标

指　标		单　位	说　明
电压	开路电压	V	指电池在没有连接外电路或者外负载时的电压。开路电压和电池的剩余能量有一定的联系，电量显示就是利用了这个原理
	工作电压	V	指电池在工作状态下即电路中有电流流过时电池正、负极之间的电势差。在电池放电工作状态下，当电流流过电池内部时，必须克服内阻的阻力，故工作电压总是低于开路电压
	放电截止电压	V	这也是个下限保护电压，指电池充满电后逆行放电，放完电时达到的电压（如果继续放电则为过度放电，对电池的寿命和性能有损伤）
	充电限制电压	V	这也是个上限保护电压，是在充电过程中由恒流变为恒压充电的电压
电池容量		Ah	电池容量是指电池所能够储存的电量多少，容量是电池电性能的重要指标，它由电极的活性物质决定。 容量用 C 表示，单位用 Ah（安时）或 mAh（毫安时）表示。 $C=It$，即电池容量（Ah）=电流（A）×放电时间（h）。 容量为 10Ah 的电池，以 5A 放电可放 2h，以 10A 放电可放 1h。 电池的实际容量主要取决于活性物质的数量、质量、活性物质的利用率等因素
电池能量		Wh	电池的能量是指在一定放电制度下，电池所能输出的电能。 电池储存的能量，能量（Wh）=电压（V）×电池容量（Ah）
能量密度		Wh/L、Wh/kg	单位体积或单位质量电池释放的能量，决定汽车续航里程
功率密度		W/L、W/kg	单位质量（有些地方也直接称为比功率）或单位体积电池输出功率，决定汽车加速性能
电池放电倍率 C			放电倍率是指在规定时间内放出其额定容量（Q）时所需的电流值，它在数值上等于电池额定容量的倍数，即充放电电流（A）/额定容量（Ah）
荷电状态（SOC）		%	SOC，全称是 state of charge，荷电状态，也叫剩余电量，代表的是电池放电后剩余容量与其完全充电状态的容量的比值。其取值范围为 0～1（即 $0 \leq SOC \leq 100\%$）。电池管理系统（battery management system, BMS）主要通过管理 SOC 进行估算来保证电池高效的工作，所以它是电池管理的核心

指　标	单　位	说　明
内阻	$m\Omega$	电池内阻是一个非常复杂而又非常重要的特性，影响内阻的因素有材料和结构等。 内阻是指电池在工作时，电流流过电池内部受到的阻力。内阻大的电池，在充放电的时候，内部功耗大，发热严重，会造成电池的加速老化和寿命衰减，同时也会限制大倍率的充、放电应用。所以内阻越小，电池的性能越好。不仅电池的实际工作电压高，消耗在内阻上的能量也少。 电池内阻包括欧姆内阻和极化内阻。欧姆内阻由电极材料、电解液、隔膜电阻及各部分零件的接触电阻组成，极化内阻包括电化学浓差极化引起的电阻
自放电率	%	电池自放电是指在开路静置过程中电压下降的现象，又称电池的荷电保持能力。电池自放电将直接降低电池的容量和储存性能
放电深度	%	放电深度是电池保有容量数值的表示方法。放电深度以百分比率来表示，例如，容量为10Ah的电池放电后容量变为2Ah，可以称为80%放电深度
循环寿命	次	循环寿命是指电池可以循环充放电的次数（容量衰减到80%）
电池管理系统		单体电池在制造出来后，由于工艺的问题，导致内部结构和材质不完全一致，本身存在一定的性能差异。初始的不一致随着电池在使用过程中连续的充、放电循环而累计。目前行业普遍采用带有均衡功能的电池管理系统来控制电池组内电池的一致性，以延长产品的使用寿命
化成容量		电池制动后，需要对电芯进行小电流充电，将其内部正、负极物质激活，在负极表面形成一层钝化层——SEI膜，使电池性能更加稳定，这一过程称为化成。化成过程中的分选过程能够提高电池组的一致性，使最终电池组的性能提高。化成容量是筛选合格电池的重要指标

表1-2　不同正极材料的锂电池对比

项　目	钴酸锂电池	锰酸锂电池	磷酸铁锂电池	镍钴锰电池	镍钴铝电池
化学式	$LiCoO_2$	$LiMnO_4$	$LiFePO_4$	$Li(Ni_xCo_yMn_z)O_2$	$Li(Ni_xCo_yAl_z)O_2$
结构类型	层状氧化物	尖晶石	橄榄石	层状氧化物	层状氧化物
电压平台/V	3.7	3.8	3.2	3.6	3.7
理论比容量	274	148	170	273～285	
实际比容量	135～155	100～120	130～150	155～200	
压实密度/（g/cm³）	3.6～4.2	3.2～3.7	2.1～2.5	3.7～3.9	
能量密度/（Wh/kg）	180～240	100～150	100～150	180～300	
循环寿命/次	500～1000	500～200	>2000	800～2000	500～2000

续表

项　目	钴酸锂电池	锰酸锂电池	磷酸铁锂电池	镍钴锰电池	镍钴铝电池
低温性能	好	好	一般	好	好
高温性能	好	差	好	一般	差
安全性	差	较好	好	较好	较差
储量	贫乏	丰富	丰富	较丰富	较丰富
主要应用领域	消费型锂电池	动力电池、储能	动力电池、储能	动力电池、储能	动力电池、储能
优势	充放电稳定、生产工艺简单	锰资源丰富、价格低、安全性能高	安全性高、成本较低、循环寿命长	能量密度高、循环寿命长、电化学性能稳定、低温性能好	
劣势	钴资源紧缺、价格高、循环寿命短	能量密度低、循环寿命短、相容性差	能量密度低、低温性能差、产品一致性差	钴资源紧缺、价格高、热稳定性差、生产工艺复杂	

📤 **举例说明：**

表 1-3 列举的是 20 款小鹏 P7 动力电池规格参数，分为长续航版本及标准续航版本。长续航版本组成方式为 2P96S，共 192 颗电芯，标准续航版本为 4P96S，共 384 颗电芯。

表 1-3　动力电池规格参数

参数/指标		长续航版	标准续航版	单　位
动力电池总成	型号	TPLi0808-346	TPLi0708-350	
	串并联	2P96S	4P96S	
	额定容量	234	202	Ah
	额定能量	80.87	70.78	kWh
	额定电压	345.6	350.4	V
	充电温度范围	-20 ~ 55	-20 ~ 55	℃
	放电温度范围	-30 ~ 55	-30 ~ 55	℃
	最大允许持续充电电流	336	333	A
	最大允许持续放电电流	234	202	A
	防护等级	IP68	IP68	
	质量	490±14	450±13	kg
模组	串并联数	2P6S	4P4S	
	额定容量	234	202	Ah
	额定电压	21.6	14.6	kWh
	质量	23.4	14.6	kg

续表

参数/指标		长续航版	标准续航版	单 位
电芯	类型	三元	三元	
	额定电压	3.6	3.65	V
	电压范围	2.85 ~ 4.2	2.5 ~ 4.2	V
	额定容量	117	50.5	Ah

1.1.3 动力电池总体结构与部件

在实际维修中，通常不需要拆解动力电池进行维修，而是整体更换，但需要判断动力电池是否存在故障。所以需要更进一步地了解动力电池内部结构（见图1-2和图1-3）。

图1-2　动力电池

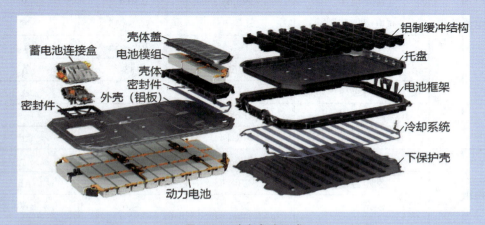

图1-3　动力电池组成

动力电池包的下壳体为主要承重件，分为两个区域。大区域主要承载模组和冷板等零件，中间布置纵梁和横梁以加强壳体强度。小区域为维修测试区域，主要承载 EDM 电源分配单元和 BMS 等零件。上壳体分为大盖板和小盖板，大盖板用于防护模组，小盖板用于防护电源分配单元和电池管理系统区域。大盖板与下壳体通过密封胶进行密封，小盖板与下壳体通过密封垫进行密封。电池壳体密封满足高压水枪或高温水蒸气冲刷标准。

> **举例说明：**
>
> 图 1-4 所示为蔚来 ES8 动力电池。该系统共有 32 个基础电池模组通过混联的方式实现，模组与外壳体之间的固定通过螺纹连接实现，每 4 个模组共用 1 块冷却水板，系统共有 8 块独立的冷却水板。电池管理单元、电力分配单元、高低压电气连接接口、冷却连接接口均布置在电池包的一侧。

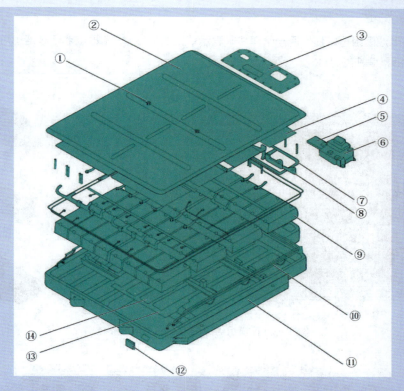

图 1-4　蔚来 ES8 动力电池

①—顶部套筒；②—顶板；③—前盖板；④—防火垫；⑤—电池管理系统；⑥—电源分配单元；⑦—密封圈；⑧—铜排；⑨—模组；⑩—冷却水管；⑪—电池底壳；⑫—泄压阀；⑬—冷却水板；⑭—导热垫

1　电芯和模组

动力电池由多个电池模组串联而成，每一个电池模组内部有多个单体电池并联连接构成蓄电池模块（见图 1-5 ～ 图 1-7）。

图1-5 各模组组成的整个动力电池（1）

维修提示：

一个蓄电池模组可以看作用一个模块来表示单独的个体；一个蓄电池电芯组也可以看成用一个模块来表示其单独的个体。

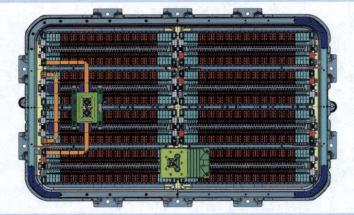

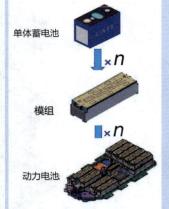

单体蓄电池

模组

动力电池

图1-6 各模组组成的整个动力电池（2）

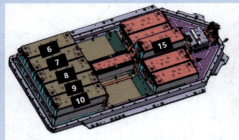

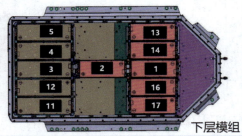

下层模组

图1-7 双层排布的电池模组

1～17电池模组。

（1）单体蓄电池（电芯）。

单体蓄电池是指将化学能与电能进行相互转换的基本单元装置，通常包括正极、负极、隔膜、电解质、外壳和端子，并被设计成可充电，也称作电芯（见图 1-8）。

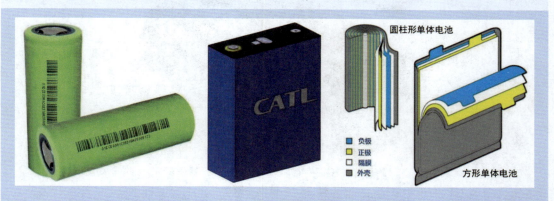

图 1-8　单体蓄电池结构

锂电池根据结构型式不同，可分为圆柱形锂离子电池、方形锂离子电池、软包电池和纽扣式锂离子电池。其中圆柱形锂离子电池的型号常用五位数字表示，如常见型号 18650、26650 和 21700 等。电动汽车用的锂电池主要以圆柱形锂电池和方形锂离子电池为主（见图 1-8）。在汽车上常见的纽扣式锂电池是遥控钥匙上安装的电池。

按电解质不同，锂电池可以分为液态锂离子电池、聚合物锂离子电池，其中液态锂离子电池由有机溶剂和锂盐构成，目前锂离子电池仍是主流；聚合物锂离子电池是全固态锂离子电池。

> **举例说明：**
>
> 18650 型号圆柱形锂电池：18 代表电池的直径为 18mm，65 代表不包含极柱的电池高度为 65mm，0 代表圆柱形形状。

（2）蓄电池电芯组。

蓄电池电芯组是一组并联的单体蓄电池，可能包含监测电路与保护装置（如熔断器等）。蓄电池电芯组没有固定的封装外壳、电子控制装置，且没有确定的极柱布置，不能直接应用到车辆上。该组合额定电压与电池单体的额定电压相等，是电池单体在物理结构和电路上连接起来的最小分组，可作为一个单元替换。蓄电池电芯组也称为蓄电池模块。

（3）蓄电池模组。

将一个以上单体蓄电池或蓄电池模块按照串联、并联或混联方式组合，并作为电源使用的组合体，称为蓄电池模组（见图 1-9）。

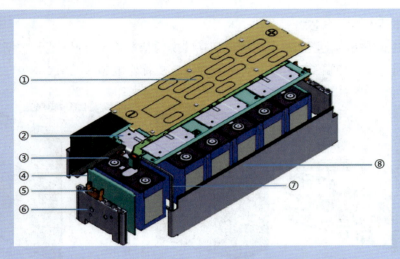

图 1-9　蓄电池模组

①—上盖；②—线束隔离板组件；③—电芯；④—端板绝缘膜；⑤—输出级底座；⑥—端板；⑦—口字缓冲垫；⑧—侧板

📝 **补充说明：**

　　单体电池组合成电池模组的方式有并联、串联和混联。并联、串联和混联分别用 P、S 和 SP 表示。采用这样的连接方式有以下目的。

　　（1）串联在一起，可提升电压。

　　（2）并联在一起，可提升电流。

　　（3）混联在一起，实现电压累积和电流累积。先并联后串联，如图 1-10 ～图 1-12 所示。

　　1P4S：1 并 4 串。即 1 个电芯并联，由 4 个电芯串联在一起，组成一个电池模组。

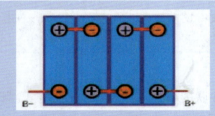

图 1-10　1P4S 排布

　　2P4S2：并 4 串。即 2 个电芯并联组成一个独立的蓄电池电芯组，再由 4 个蓄电池电芯组串联在一起，组成一个电池模组。这样的连接方式，可把两个电芯看作一个电芯。

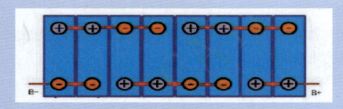

图 1-11　2P4S 排布

3P4S：3 并 4 串。即 3 个电芯并联组成一个独立的蓄电池电芯组，再由 4 个蓄电池电芯组串联在一起，组成一个电池模组。这样的连接方式，可把三个电芯看作一个电芯。

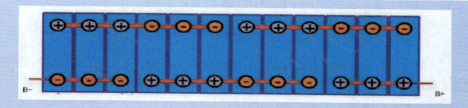

图 1-12　3P4S 排布

动力电池额定电压 / 串联数 = 单体电压

举例说明：

3P91S: 表示 3 个电芯并联成 1 个独立单体电池，再由 91 个独立单体电池串联成动力电池总成，假如这个动力电池的额定电压为 332V，那么单体电池为 332V/91 ≈ 3.6V。这里 3 个单独电芯组成一个电芯组，所以其单独电芯约为 1.2V。

2　电池管理系统电气结构

扫码看视频

（1）电池管理系统控制单元结构。

电池管理系统控制单元布局在动力电池总成内部，图 1-13 所示为电池管理系统端插接口。电池管理系统和其他控制系统一样有硬件和软件，电池管理系统具有数据采集和控制的功能。

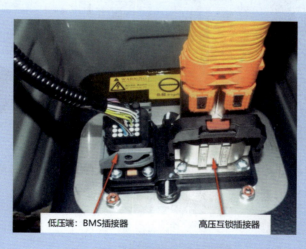

低压端：BMS 插接器　　高压互锁插接器

图 1-13　BMS 控制单元插件端

1）硬件。

电池管理系统硬件有主板、从板及高压盒，还包括采集电压、电流、温度等数据的电子器件。

第 1 章　第 2 章　第 3 章　第 4 章　第 5 章　第 6 章　第 7 章

2）软件。

电池管理系统软件负责监测电池的电压、电流、SOC 值、绝缘电阻值、温度值，功率集成单元（PEU）通信，主要用于控制动力电池系统的充放电。

📝 举例说明：

图 1-14 所示为奥迪 e-tron 动力电池及控制单元分布，共分布有 12 个蓄电池模组控制单元。每一个蓄电池模组控制单元管理 3 个蓄电池模组。每个蓄电池模组控制单元负责测量 3 个蓄电池模组的电压、测量蓄电池格的温度和电池格组。

具体控制分布任务：蓄电池模组控制单元 1 J1208，控制蓄电池模组 ①～③；蓄电池模组控制单元 2 J1209，控制蓄电池模组 ④～⑥；蓄电池模组控制单元 3 J1210，控制蓄电池模组 ⑦～⑨；蓄电池模组控制单元 4 J1211，控制蓄电池模组 ⑩～⑫；蓄电池模组控制单元 5 J1212，控制蓄电池模组 ⑬～⑮；蓄电池模组控制单元 6 J1213，控制蓄电池模组 ⑯～⑱；蓄电池模组控制单元 7 J1214，控制蓄电池模组 ⑲～㉑；蓄电池模组控制单元 8 J1215，控制蓄电池模组 ㉒～㉔；蓄电池模组控制单元 9 J1216，控制蓄电池模组 ㉕～㉗；蓄电池模组控制单元 10 J1217，控制蓄电池模组 ㉘～㉚；蓄电池模组控制单元 11 J1218，控制蓄电池模组 ㉛～㉝；蓄电池模组控制单元 12 J1219，控制蓄电池模组 ㉞～㊱。

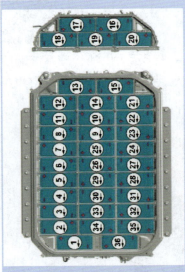

①～㊱ 蓄电池模组

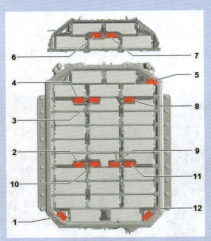

1～12 蓄电池模组控制单元

蓄电池模组控制单元放大图

图 1-14　蓄电池模组和蓄电池模组控制单元

📝 补充说明：

蓄电池模组控制单元通过 CAN 总线与蓄电池调节控制单元 J840（见图 1-15）和高电压蓄电池开关盒进行通信。

图 1-15　蓄电池调节控制单元

（2）电池管理系统功能。

动力电池管理系统是电池保护和管理的核心部件，在动力电池系统中，它不仅要保证电池安全可靠地使用，而且要充分发挥电池的能力和延长使用寿命，作为电池和其他控制器以及驾驶故障报警器等进行信息沟通，根据采集到的动力电池系统的基本参数及故障信息，通过控制继电器控制动力电池的充电和放电。电池管理系统具备的功能如下。

1）通过电压。

2）电流及温度检测等，实现对动力电池系统的过电压、欠电压、过电流、过高温和过低温保护。

3）继电器控制。

4）SOC 估算。

5）充电管理。

6）平衡控制。

📢 举例说明：

图 1-16 所示为估算电池格电压及平衡控制。3 号单元 100% 充电，充电循环就结束了，尽管高电压蓄电池整体充电量只达到了 92.5%。

对 3 号单元进行放电，使充电循环可以继续，高电压蓄电池的充电水平就可以上升到100%。充电时，电压差超过 1% 执行平衡。点火开关关闭，蓄电池充电状态高于 30% 执行平衡。

7）故障报警及处理。

8）与其他控制器通信。

9）电池管理系统还具有高压回路绝缘检测功能，以及为动力电池系统加热的功能。

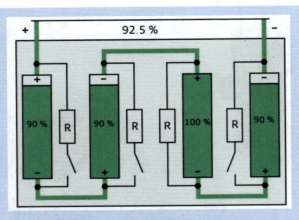

图 1-16　估算电池格电压及平衡控制示意图

> **举例说明：**
>
> 　　各种车系的电池控制管理装置的具体控制策略可能有所不同，蓄电池控制系统装置的称谓也有可能不同（如宝马车系称为蓄能器管理电子装置 SME，见图 1-17），但蓄电池电子控制装置要具有控制蓄电池的功能，例如，奥迪 e-tron 蓄电池调节控制单元具有以下控制功能。
>
> 　　（1）确定高电压蓄电池的充电状态。
>
> 　　（2）确定并监控允许的充电电流和放电电流以及蓄电池充电的电压和电流。
>
> 　　（3）评估高电压开关盒所测得的高电压系统绝缘电阻值（见图 1-18）。在高电压系统处于激活状态时，高电压蓄电池开关盒（见图 1-19）每隔 30s 就会进行一次绝缘检查。
>
> 　　（4）监控安全线。
>
> 　　（5）估算电池格电压及平衡。
>
> 　　（6）把要求高电压蓄电池加热的指令发给温度管理控制单元 J1024。
>
> 　　（7）按温度管理控制单元提供的参数来激活高电压蓄电池冷却液泵。
>
> 　　（8）在发生碰撞时促使接触器脱开。

图 1-17　宝马车蓄能器管理电子装置 SME（BMWiX3 G08 BEV）

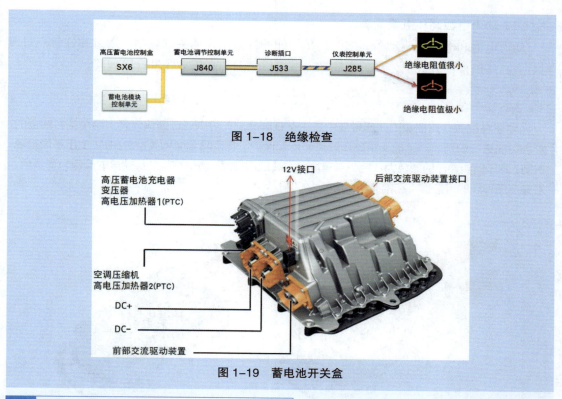

图 1-18　绝缘检查

图 1-19　蓄电池开关盒

3　动力电池上的高低压接线和接口

（1）高压导线和插头。

高压导线将高压组件相互连接在一起。无论是各类高压组件上的高压接口，还是高压插头上的高压接口，都配有带电部件的接触保护。

💡 维修提示：

高压电缆不允许过度弯曲或者折叠。这样做可能会导致导线屏蔽层损坏，继而导致高电压系统出现绝缘故障。最小弯曲半径取决于高压导线的外径（见图 1-20）。

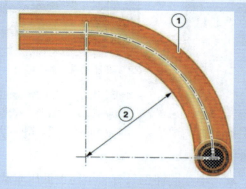

图 1-20　高压电缆的弯曲半径

①—高压电缆；②—弯曲半径

第1章

第2章

第3章

第4章

第5章

第6章

第7章

（2）动力电池高压电缆插头。

动力电池和电气化驱动单元之间高压导线的屏蔽层在插头外壳中，通过弹性触点过渡到对应高压组件的外壳上。动力电池和充电接口之间的高压导线没有屏蔽层。

➲ 举例说明：

对于在配有专用插头的高压导线中是否存在屏蔽层，可以通过插头外壳上两个塑料端盖的彩色设码进行识别。对于插头中高压触点的接触保护，在宝马 BMW G08 BEV 上用不同颜色识别：高压插头端盖的颜色为灰色，带有高压导线的屏蔽层；如果高压插头端盖的颜色为青绿色，没有高压导线的屏蔽层（见图1-21和图1-22）。

图1-21　动力电池上的高压插头

图1-22　高压插头

A—插头；B—组件上的高压接口；①—外部设码；②—用于高压触点监控的插头外壳；
③—高压触点的内部接触保护；④—屏蔽层的电触点；⑤—高压导线线脚2（负极）的电触点；
⑥—螺栓连接；⑦—内部机械设码；⑧—高压导线线脚1（正极）的电触点；⑨—高压触点的外部接触保护

（3）动力电池电气接口。

除了高压接口以外，动力电池同样也具有一个连至低压车载网络的接口。通过它，为集成在动力电池中的管理系统供电，并且提供总线信号和其他信号。

举例说明：

　　如图 1-23 所示，动力电池上具有一个连至低压车载网络的 16 芯接口。通过它，为集成在动力电池中的存储器电子管理系统（SME）供电，并且提供总线信号和其他信号。SME 同样也会通过该接口触动高压蓄电池单元冷却液截止阀。

　　一个高压接口（Hirschmann 插头）将动力电池和联合充电单元 CCU 连接在一起。通过这个接口，向高压蓄电池单元提供经过整流的充电电压。这个接口被称为高压连接区。另一个高压接口（Rosenberger 插头）将高压蓄电池单元和电气化驱动单元连接在一起。还有一个高压接口（Rosenberger 插头）将高压蓄电池单元直接和直流充电接口相连。

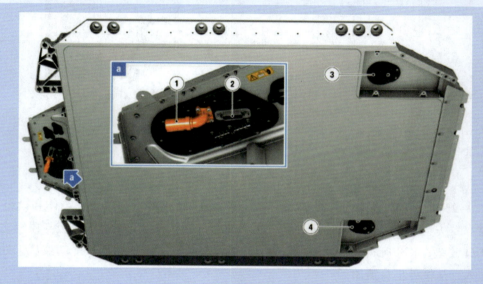

图 1-23　动力电池上的电气接口

①—连至联合充电单元 CCU 的高压接口；②—连至低压车载网络的接口；
③—连至电气化驱动单元的高压接口；④—直流充电高压接口

1.1.4 　动力电池冷却系统结构

扫码看视频

1 动力电池的水冷冷却方式

　　水冷冷却方式是电动汽车动力电池冷却普遍采用的一种方式。动力电池冷却系统组成结构如图 1-24 所示。

　　动力电池总是在不断地充电、放电，在这个热力学过程中会放出热量。当动力电池温度过高时，除了老化外，最重要的是还会使相关导体上的电阻增大，这会导致电能不转换为功，而是转换成热量损耗掉。所以动力电池系统必须进行冷却。当然，动力电池不仅需要冷却降温，也需要加热。冷却系统的作用就是通过冷却液循环为动力电池进行散热，并且通过热交换管理模块及整车管路在适当的时候给动力电池加热。

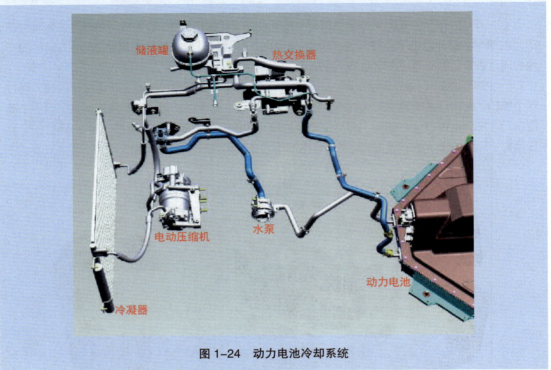

图 1-24　动力电池冷却系统

图 1-25 所示为蓄电池内部冷却系统部件结构排布：水冷板布置于下箱体和模组之间；口琴管布置方向同模组方向；连接管路采用尼龙管并用快接头连接；水冷板与模组之间铺设导热硅胶垫；水冷板底部采用弹性支撑；连接管路布置水温传感器。冷却液从①处分两支路流入，从②处汇合流出。

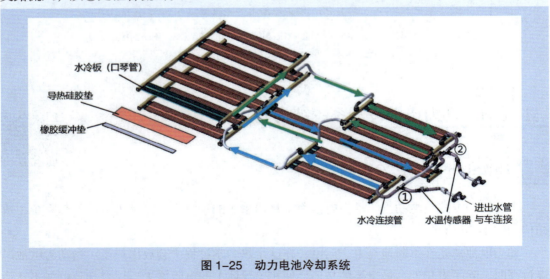

图 1-25　动力电池冷却系统

根据电池的特性要求，电池包内部采用水冷方式实现包内外热交换。通过电池散热器与热交换管理模块实现对电池的冷却和加热，保证电池可以正常高效地工作（见图 1-26）。

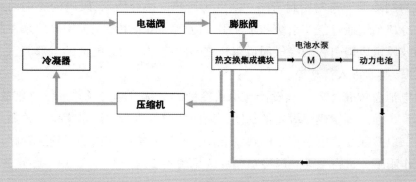

图 1-26　动力电池冷却系统运行示意图

📣 举例说明：

　　图 1-27 所示为宝马 BMW G08 BEV 动力电池的冷却液循环回路，动力电池的冷却通过车辆冷却液循环回路进行。冷却液会在冷却液 / 制冷剂热交换器和配套的制冷剂循环回路中流动。

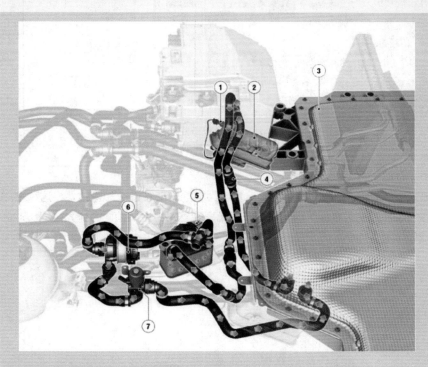

图 1-27　宝马 BMW G08 BEV 动力电池的冷却液循环回路

①—电子暖风装置上的冷却液温度传感器；②—电加热装置（动力电池）；③—动力电池；
④—单向阀；⑤—冷却液制冷剂热交换器；⑥—冷却液泵；⑦—冷却液截止阀

2　动力电池的风冷冷却方式

　　动力电池的风冷冷却方式是利用来自空调系统的冷气来冷却动力电池，解决方案是以空调压缩机为制冷源，再与密封管路、空气（冷热交换介质）、风扇构成主动式风冷散热系统。通常冷却系统通过空调系统和车厢引入冷气，并采用专用控制风门来控制进气。动力电池冷却鼓风机风扇引入的冷气通过单格之间的缝隙从动力电池的上部流至下部，然后绕经 DC/DC 转换器进入行李箱。

在动力电池总成壳体内，蒸发器与承载冷量的空调管路关联并进行"热量交换"。电芯产生的热量，通过围绕模组设定的封闭管路内的空气进行"冷量交换"并循环至驾驶舱内的冷凝器。以此往复，电芯产生的热量在动力电池总成壳体内的风扇、管路、承载冷量的空气交互作用下，进行主动式风冷热循环（见图 1-28）。

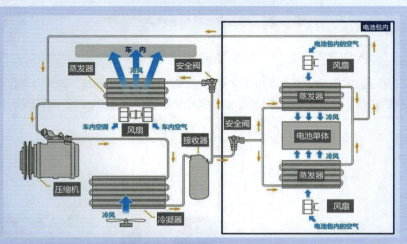

图 1-28　动力电池的风冷冷却系统运行示意图

📢 举例说明：

以丰田 C-HR EV 纯电动汽车为例，其动力电池内部布设冷却管路，将这种金属材质的电池冷风管作为缓冲吸能区，保护电池单体以及高压回路。将冷风管同时作为碰撞缓冲区。动力电池见图 1-29 和图 1-30。

图 1-29　带有冷却管的动力电池在车上布局

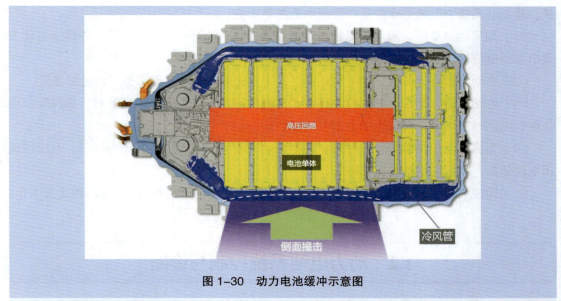

图1-30　动力电池缓冲示意图

在控制电池温度上，将车载空调制冷系统同时应用在乘员舱和动力电池内，而在低温环境下，每一个电池单体都有独立的加温系统（见图1-31），避免电池性能下降而影响续航里程。同时，该套温控系统在充电时也能让电池保持适宜的温度，并加快充电速率。

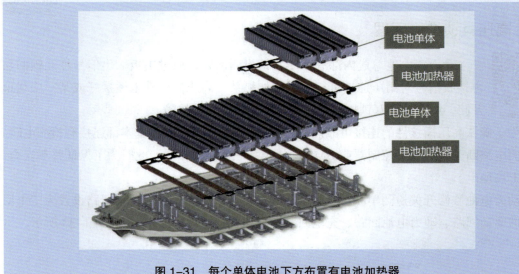

图1-31　每个单体电池下方布置有电池加热器

1.1.5 动力电池加热基本原理

动力蓄电池在极端寒冷的环境中，锂离子的活性会降低，从而使充电和放电性能降低。电池加热系统通过加热冷却液，使动力蓄电池的温度达到最佳值，以确保动力蓄电池的充电和放电性能。电加热器加热后的冷却液，流经电池冷却器，与电池侧的冷却液进行热交换，从而升高动力电池进水温度，实现电池加热功能。

（1）如果动力蓄电池温度下降到指定值以下，则系统会开启电加热器，并将来自动力蓄电池的电能提供给加热器的电热丝。

（2）在动力蓄电池充电启动电加热器时，来自充电设备的电能将提供给电加热器。

（3）电加热器电路中有热保险丝，由于车辆故障而无法关闭电加热器时，热保险丝将烧断，电路将被切断，以防止动力蓄电池过热。

（4）当满足电加热器停止条件时，例如当动力蓄电池温度升至特定温度时，系统将关闭电加热器并停止向电加热器供电。

（5）即使关闭了主电源，当 VCU 从 BCU 接收到操作请求信号时，电加热器也会工作。

1.2　动力电池系统控制与诊断

1.2.1　高压互锁维修

扫码看视频

1　高压互锁维修原理

扫码看视频

动力蓄电池总成内部有高压互锁检测回路，通过主板输出信号经互锁回路再接收信号对高压连接进行检测，如果某一高压插接件未插接好或某一段线束开路，则会导致互锁检测不通过，报出高压互锁故障。

为了确认高压插接件的连接可靠性，整车高压系统中的插接件基本都连接有检测电路。当检测电路断开时，整车控制器或 BMS 即认定高压插接件松脱，此时为了保证整车安全，不许上高压电。

动力电池维修开关检测串联在电池高压互锁检测回路中。高压互锁回路设置为三个回路，即驱动回路、动力电池回路、充电回路。高压互锁原理如图 1-32 和图 1-33 所示。

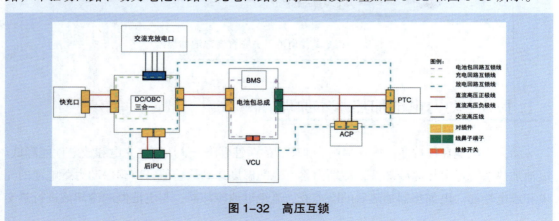

图 1-32　高压互锁

💡 维修提示：

　　电动汽车高压动力系统的控制是通过低压系统进行的，一旦低压电气系统出现故障，电动汽车高压动力系统将无法上电。

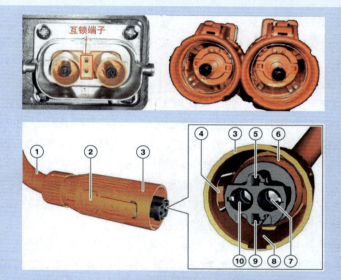

图 1-33　动力电池高压母线带高压互锁（结构互锁）

①—高电压导线；②—锁止元件操作部位；③—插头壳体；④—锁止元件；⑤—插头内电桥接口 1；
⑥—用于屏蔽的接口；⑦—高电压接口（线脚 2）；⑧—机械设码；⑨—插头内电桥接口 2；⑩—高电压接口（线脚 1）

↪ 举例说明：

　　（1）故障信息。

　　2017 年款比亚迪 E5 纯电动汽车，打开点火开关后无法上电，动力系统警告灯亮，仪表显示"请检查动力系统"字样。

　　（2）解决思路。

　　根据该车上电流程图 1-34、启动控制电路图 1-35 可知，以下情况都可能导致电动汽车无法上电。

　　1）蓄电池的电压不正常以及 F5-3 和 F5-4 保险有异常。

　　2）制动踏板信号或启动信号未被 MICU 车身模块接收。

　　3）防盗模块认证信息未被 VGOT 或 Klyess-ECU 认证。

　　4）IG1 继电器未吸合，IG3 和 IG4 继电器未吸合。

　　5）高压互锁连接引起的故障。

　　6）单体电池过温、过电压、漏电、欠电压导致电池管理系统自检异常。

　　7）高压母线未达到规定电压、严重漏电导致预充失败。

　　8）电池管理器故障导致接触器无法工作。

　　9）CAN 网络通信故障。

（3）故障检测。

1）维修技师执行维修电动汽车安全防护后，首先对车辆执行故障诊断检测，进入双向逆变充放电式电机控制器（VTOG）读取故障码，显示故障码为"P1A6000 高压互锁1故障"。

2）读取数据流，与该故障相关的主要数据流信息为：不允许充放电；主接触器断开；高压互锁1锁止。

（4）故障判断。

根据故障诊断检测数据流，初步确定该故障为高压互锁系统线路故障或高压互锁系统元件故障。

（5）故障分析。

1）根据图1-36所示，该车型高压互锁电路由电池管理系统（BMS）、动力电池、电机控制器及空调加热器（PTC）构成。据此，关闭点火开关测量电阻：断开电池管理系统的BK45-A插接器及BK45-B插接器，用万用表电阻挡测量BK45-A/1端子与BK45-B/7端子之间的电阻，测得阻值为∞；正常情况该阻值应小于1.0Ω左右，这就说明在互锁电路中存在断路。

2）断开电机控制器的B28-B插接器，测量BK45-B/7端子与B28-B/23端子之间的电阻，测值为0.7Ω，小于1.0Ω。由此可判断电池管理系统到电机控制器之间的线路正常；测量BK45-A/1端子与B28-B/22端子之间线路的电阻值，测值为∞，这时基本可以确定线路的断点位于电机控制器到电池管理系统之间的线路上。

3）为了明确断点所在位置，继续检测：断开空调加热器的B52插接器，测量BK45-A/1端子与B52/2端子之间的电阻值，测值为正常情况下的电阻值0.6Ω。这样可以确定空调加热器到电池管理系统之间的线路是正常的。

（6）故障确定和排除。

根据上述检测分析和推断，可以确定线路断点位于空调加热器与电机控制器之间的线路。更换空调加热器与电机控制器之间的线束，故障排除。

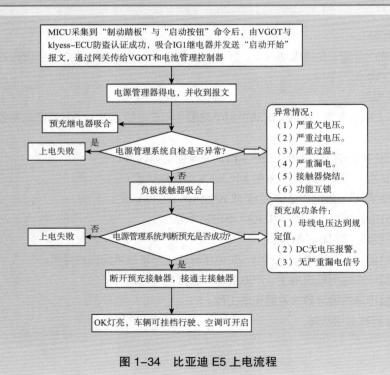

图1-34　比亚迪E5上电流程

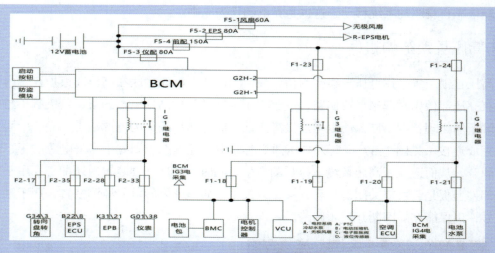

图 1-35　比亚迪 E5 启动控制电路

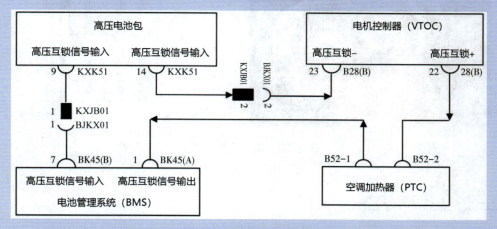

图 1-36　高压互锁电路图

2　高压互锁作用

（1）结构互锁。

高压互锁是纯电动汽车上一种利用低压信号监测高压回路完整性的安全设计措施。其作用在于高压互锁回路接通或断开的同时，电源控制器接收反馈信号，进而控制高压电路的通断。

高压互锁的作用是判断高压系统回路的完整性，只有所有高压部件的插接件均插接到位后才允许高压系统上电。在整车上高压电之前，应确保整个高压回路连接完整，提高安全性。

高压互锁检测的节点包括整车控制器、电池管理器、车载充电机。

高压互锁相关节点包括整车控制器、电池管理器、车载充电机、后电机控制器、前电机控制器、压缩机、PTC、高压能量分配单元（PDU）、高压线束等。

（2）功能互锁。

还有一种是功能互锁，电动汽车在连接外部充电设备时，为避免发生安全事故，不允许车辆依靠自身驱动系统移动，这也是充电的优先原则。

3 高压互锁结构机理

高压互锁装置采用低压导线作为信号线，与高压电源线并联在高压线束护套管内，并将所有高压部件串联起来形成回路。由于高压互锁插头中高压电源的正、负极端子与中间互锁端子的物理长度不同，所以当连接高压插头时，高压插头的电源端子会先于中间互锁端子完成连接（见图1-37）。断开高压插头时，中间互锁端子则先于高压电源的正、负极端子脱开，从而避免了高压环境下拉弧的产生。同时，高压互锁装置内还配备了用于监测高压部件盖板是否可靠关闭的行程开关，以及车辆碰撞和翻转信号监测装置，用于触发断电信号，确保能在瞬间断开高压回路。

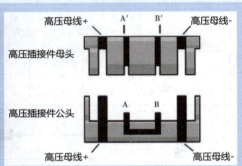

图1-37　结构互锁示意图

1.2.2 │ 维修开关

1 维修开关作用

维修开关串联在动力电池模块之间，连接了动力电池的一个正极和一个负极，用于手动关闭高压电路（见图1-38）。它的主要作用是在车辆维修时直接断开高压回路，从而保证操作人员的安全。

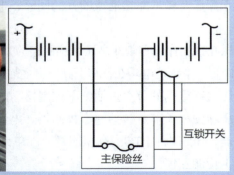

图1-38　维修开关

举例说明：

　　比亚迪E6电动动力电池类型为磷酸铁锂电池，由93块单体电池和分布在不同位置的保险丝组成，每个单体电池电压为3.3V，多块单体电池组叠加放置，极性交错，用铜排串联焊接于一体。每块电池单体都用一根导线连接至分采集控制单元上，用来检测每个单体电池的放电均衡性，此外还加装一个温度传感器，用来检测电池的工作温度，这样就形成了一个电池模组。比亚迪E6共有11个这样的电池模组，每个电池模组之间用电池连接片串联连接于一体，并与正负极柱相连。

　　如图1-39所示，该动力电池模组中串联一个高压维修开关，维修高压电时需要断开此开关，并在电池组中设有保险丝，对电路进行保护。每个电池模组上的分采集控制单元，均通过CAN总线与电源管理系统控制单元BMS进行交互，以便对放电电流进行控制，这样便构成了动力电池。

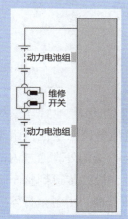

维修开关动力电池端插口位置

图1-39　维修开关

2 维修开关操作事项

　　根据维修需要进行高压维修时，关闭点火开关，关闭维修开关，拆下蓄电池负极，戴绝缘手套从手柄拔出高压维修开关（插头端），其安装位置根据动力电池形态和布置而不同，有的在后座椅下方，有的在副仪表板位置下方，有的在后备厢。

举例说明：

　　比亚迪E5的维修开关在扶手箱下边。蔚来维修开关在左前机舱减振器上部位置（见图1-40）。

　　这里需要说明图1-40中的维修开关（安全开关），这个开关也是起断开高压的作用，因为没有直接在动力电池上安装，所以有些车型也叫它低压维修开关，后面在"配电系统"内容中会进一步剖析其结构。该开关为了断电，必须将插头从所属的插口中拔出，因此，定义高压安全插头状态的导线会断路。除此以外，电动机械式接触器的供电也会断路，使高电压系统断电。

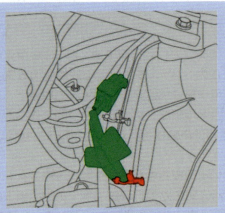

图 1-40　维修开关位置

1.2.3 | 电池管理系统维修

1 电池管理系统控制策略

如图 1-41 所示，电池管理系统主要由电池管理系统从控板（2 个）、电池管理系统主控板及各种传感器组成，动力电池高压电路的单体电压、动力电池电压、电池模组温度、电流、绝缘状态等信息传递到电池管理系统从控板，信息经过从控板的处理通过内部 CAN 线传递到电池管理系统主控板，然后经过电池管理系统的处理，最终传递到整车控制器，再经过计算分析，将命令传递到电机控制器、车载充电机等执行器，由各执行器完成动作。

电池管理系统故障包括 CAN 通信故障、总电压测量故障、单体电压测量故障、温度测量故障、电流测量故障、继电器故障、加热器故障和冷却系统故障等。

> **举例说明：**
>
> 各种车系的动力电池管理硬件和策略有所不同，例如图 1-42 和图 1-43 所示的是比亚迪 EV 系列很多款车型设计的分布式电池管理系统，其由 1 个电池管理控制器（BMC）和 13 个电池信息采集器（BIC）及 1 套动力电池采样线组成。
>
> （1）电池管理控制器主要实现充 / 放电管理、接触器控制、功率控制、电池异常状态报警和保护、SOC/SOH 计算、自检以及通信等功能。
>
> （2）电池信息采集器的主要功能有电池电压采样、温度采样、电池均衡、采样线异常检测等。
>
> （3）动力电池采样线的主要功能是连接电池管理控制器和电池信息采集器，实现两者之间的通信及信息交换。

（1）充电回路。

以图 1-41 为例，其充电回路如下。

1）当动力电池包初始温度大于或等于 55℃时，禁止给动力电池包充电。

2）当动力电池包初始温度小于或等于 -8℃时，加热膜继电器闭合，仅对动力电池包进行加热（此时动力电池包高压线路中电流的方向是 M–J–O–A）；当动力电池包加热至温度大于或等于 -8℃时，正极主继电器和负极主继电器闭合，对动力电池包边加热边充电（此时动力电池包高压线路中电流的方向是 M–J–O–A 和 M–H–G–C–A）；当动力电池包加热至温度大于或等于 -5℃时，加热膜继电器断开，仅对动力电池包充电（此时动力电池包高压线路中电流的方向是 M–H–G–C–A）；当动力电池包温度降低到小于或等于 -8℃时，加热膜继电器闭合，对动力电池包边加热边充电（此时动力电池包高压线路中电流的方向是 M–J–O–A 和 M–H–G–C–A）。

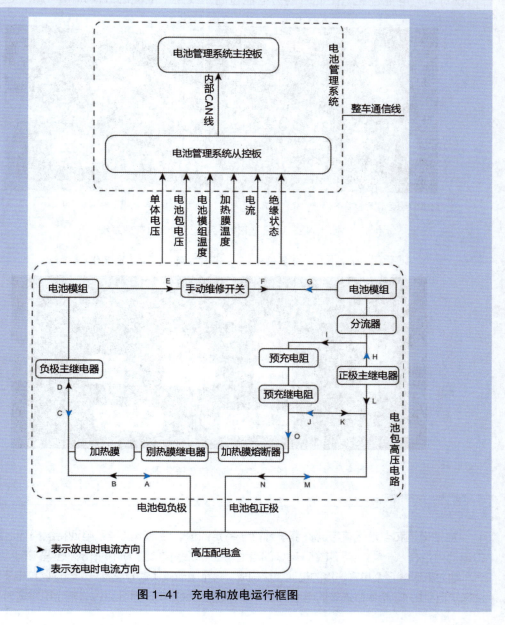

图 1-41　充电和放电运行框图

3）当 –5℃大于或等于动力电池包初始温度大于 –8℃时，正极主继电器、负极主继电器和加热膜继电器闭合，对动力电池包边加热边充电（此时动力电池包高压线路中电流的方向是 M→J→O→A 和 M→H→G→C→A）；当动力电池包加热至温度大于或等于 –5℃时，加热膜继电器断开，仅对动力电池包充电（此时动力电池包高压线路中电流的方向是 M→H→G→C→A）；当动力电池包温度降低到小于或等于 –8℃时，加热膜继电器闭合，对动力电池包边加热边充电（此时动力电池包高压线路中电流的方向是 M→J→O→A 和 M→H→G→C→A）。

4）当动力电池包温度大于或等于 –5℃且＜ 55℃时，正极主继电器和负极主继电器闭合，仅对动力电池包充电（此时动力电池包高压线路中电流的方向是 M–H–G–C–A）。

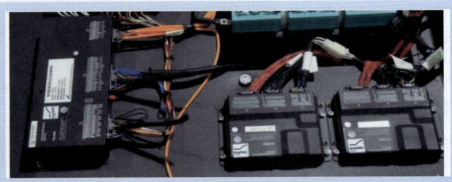

MBC（电池管理控制器）　　　　　　　　　　BIC（电池信息采集器）

图 1-42　比亚迪 E9 系列车型的电池管理系统

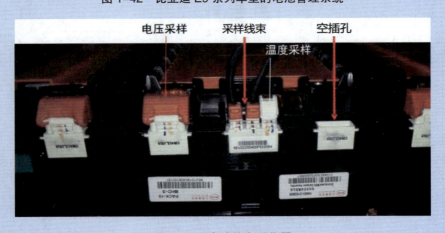

图 1-43　电池信息采集器

▶ 举例说明：

　　电池电压和电池温度不允许低于或高于特定数值，否则可能导致电池持续损坏。因此，动力电池内带有八个电池监控电路 CSC 的电池监控电子装置。图 1-44 所示的宝马 BMW I01 电动汽车动力电池由 8 个串联连接的电池模块构成。每个电池模块都分配有一个电池监控电子装置。电池模块自身由 12 个串联连接的电池构成。每个电池的额定电压为 3.75V，额定电容量为 60Ah。

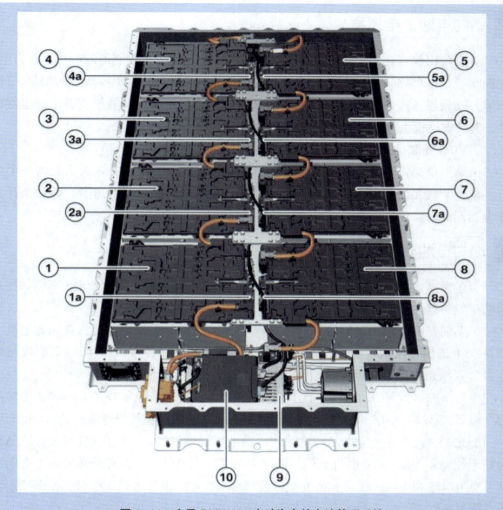

图1-44 宝马BMW I01电动汽车的电池管理系统

①—电池模块1；1a—电池监控电子装置1；②—电池模块2；2a—电池监控电子装置2；③—电池模块3；
3a—电池监控电子装置3；④—电池模块4；4a—电池监控电子装置4；⑤—电池模块5；5a—电池监控电子装置5；
⑥—电池模块6；6a—电池监控电子装置6；⑦—电池模块7；7a—电池监控电子装置7；⑧—电池模块8；
8a—电池监控电子装置8；⑨—安全盒；⑩—蓄能器管理电子装置

（2）放电回路。

以图1-41为例，其放电回路如下。

1）当电池管理系统接收到整车控制器发出的对外供电信号时，电池管理系统令预充继电器和负极主继电器闭合（此时动力电池包高压线路中电流的方向是B–D–E–F–I–K–N），动力电池包对外供电；当供电电流稳定后，电池管理系统令正极主继电器闭合，并且令预充继电器断开（此时动力电池包高压线路中电流的方向是B–D–E–F–L–N），此时动力电池包对外平稳供电。

2）当电池管理系统接收到整车控制器发出的对外断电的信号时，电池管理系统令正极主继电器和负极主继电器断开，此时动力电池包与外部电路处于断开状态。

2 动力电池上电过程

（1）启动钥匙打在 ON 挡，蓄电池 12V 供电，全车高压有控制器的部件（动力电池、电机控制器、整车控制器、空调控制器、DC/DC 控制器）低压上电唤醒、初始化、自检，无故障，上报整车控制器 VCU；动力电池内部动力母线绝缘检测合格，各个继电器状态合格，各个电池模组电压温度状态合格，上报整车控制器 VCU。

（2）VCU 控制动力电池负极母线继电器闭合。

（3）动力电池内部主控盒控制预充电继电器闭合，动力电池首先为负载端各个电容充电，电池管理系统检测到电容充满电后，主控盒闭合正极母线继电器，然后断开预充电继电器。此时，仪表上 Ready 指示灯亮起，则 Ready 成功。

3 动力电池充电过程

（1）车辆停止后，启动钥匙在 OFF 挡位，12V 蓄电池 ON 挡供电断开；车辆高压系统包括整车控制器，处于休眠状态。

（2）车辆充电时，启动钥匙要求在 OFF 挡位，充电枪连接正常后，首先充电机（慢充和快充）送出充电机自有的 12V 低压电，唤醒整车控制器 VCU。仪表盘出现充电插头信号，表示充电枪连接正常。

（3）整车控制器 VCU 的 12V 低压，唤醒动力电池管理系统和 DC/DC。动力电池内部自检合格后，通过 CAN 先向充电机发出充电请求信号，闭合正负母电继电器，开始充电。

（4）充电过程中主控盒与从控盒采集电池电压温度信息，主控盒把信息通过 CAN 总线与整车控制器 VCU 和充电机通信，把动力电池的充电要求信息传给充电机，充电机随时调节充电电流和电压，保证充电安全、合理。当充电结束拔出充电枪后，整车控制器让高压系统下电。

1.2.4 动力电池故障模式

1 动力电池过热

动力电池过热分两种情况：一是传感器故障导致信号采集失真；二是动力电池自身内阻过大，导致在充电或放电过程中发热过大。

2 动力电池 SOC 跳变

由于电池包内部有一节或几节自身故障导致单节电压被拉低，车辆 SOC 根据电压对其进行修正，在此种情况下，SOC 会进行跳变，车辆对其的反应为续航里程自动修正为当前 SOC 值下的续航里程。

3 动力电池漏电

（1）漏电检测原则。

电动汽车有极高的绝缘要求，高压电气系统绝缘性能是很重要的技术指标。动力电池漏电的具体表现就是母线绝缘故障，其维修原则就是通过检测其绝缘电阻数值来判定。

（2）动力电池漏电检测。

电动汽车的绝缘电阻监测系统主要是通过在正极动力电缆与底盘、负极动力电缆与底盘之间分压的方式，来测量高压电缆相对于车辆底盘的绝缘程度。一般是将绝缘电阻监测模块设计在动力电池系统内，把绝缘电阻监测功能集成到电池管理系统控制模块内。绝缘电阻监测系统简图见图1-45。

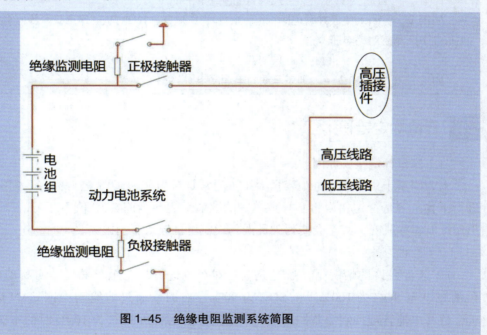

图1-45　绝缘电阻监测系统简图

动力电池出现漏电时，仪表会发出电池包漏电故障报警，出现严重漏电时，车辆会自动将车辆动力切断进行保护。

用兆欧表检测绝缘电阻的方法如下。

用诊断仪读取漏电故障信息。戴上绝缘手套，穿上绝缘鞋，在确保安全的情况执行以下操作。

1）试验前关闭点火开关，拆卸低压蓄电池负极连接线。

2）拔下维修开关。

3）断开动力电池高压电缆插接件，并用放电工装进行放电。

4）对绝缘表进行初步检查，确认绝缘表工作正常。

5）选择合适的量程，连接测试线，测试后读取其绝缘电阻值。

如果动力电池漏电，进行专业拆解维修或返厂更换。

> **💡 维修提示：**
>
> 在高压电断开的情况下用绝缘表测量的正对地和负对地绝缘阻值，均应大于或等于 500Ω/V（也就是说 500V DC 绝缘电阻应不小于 50MΩ），且持续 10s。

> **↪ 举例说明：**
>
> 以下是动力电池漏电检测的一种具体方法。
>
> 正极对车身电压为 V_1，负极对地电压为 V_2，总电压为 V。
>
> 如果 $V_1 > V_2$：正极并联电阻 R（50kΩ、100kΩ、110kΩ、150kΩ，最好选 100kΩ 或 110kΩ）后测量对地电压 V_3。
>
> $$R_{绝缘} = (V_1 - V_3/V_3)R$$
>
> 如果 $V_1 < V_2$：负极并联电阻 R（50kΩ、100kΩ、110kΩ、150kΩ，最好选 100kΩ 或 110kΩ）后测量对地电压 V_4。
>
> $$R_{绝缘} = [V_2 - V_4/V_4]R$$
>
> 如果 $R_{绝缘} < 500Ω/V$，则表示动力电池漏电。

4 容量标定错误

（1）容量标定错误原因。

人为因素干预对动力电池容量大小（通常是对当前 SOC 未进行标定匹配引起的错误）进行干预。容量标定错误将会导致车辆的续航里程与当前 SOC 值不匹配，严重情况下会出现续航里程跳变，甚至会使驾驶员误判续航里程导致车辆抛锚。

（2）处理方法。

1）条件允许的情况下，通过充电柜对车辆进行放电至车辆自动切断动力，然后给车辆充电至 SOC 为 100%，在 SOC 为 90% 左右时，通过前舱动力网 CAN 口连接上位机，打开电池管理控制器监控系统，采集到车辆充电到 SOC 为 100% 时的本次充电容量，将此 SOC 为 100% 充电容量重新标定在电池管理控制器中，恢复车辆上电，车辆恢复正常。

2）如果不能通过充电柜对车辆进行放电，则需要在 SOC 尽量小的情况下将车辆停放在充电位上，开启 PTC 制热将车辆电量放电至动力自动切断，然后给车辆充电至 SOC 为 100%，在 SOC 为 90% 左右时，通过前舱动力网 CAN 口连接上位机，打开电池管理控制器监控系统，采集到车辆充电到 SOC 为 100% 时的本次充电容量，将此充电容量对 SOC 为 100% 重新标入电池管理控制器中，恢复车辆上电，车辆恢复正常。

3）车辆电池管理控制器自带修复功能，如果上述两种情况均无法操作，在多次充放电后会将车辆容量修正为接近实际容量。但是此方法可能会让驾驶员误判续航里程导致车辆抛锚。

5 动力电池内部进水

电动汽车涉水行驶后的动力电池检修项目及判定见表1-4。

表1-4 涉水后动力电池检修项目及判定

主要原因	浸水时间	水深/mm	判断标准	隐患程度
较长时间涉水行驶或停车涉水浸泡	< 5min	≤ 300	BMS报绝缘故障，执行一级检修操作	中
			BMS未报绝缘故障，常规使用	低
		≤ 150	BMS报绝缘故障，执行一级检修操作	中
			BMS未报绝缘故障，常规使用	低
		≤ 300(速度≥50km/h)	BMS报绝缘故障，执行一级检修操作	中
			BMS未报绝缘故障，观察使用（观察周期大概为一周，一旦报出绝缘故障，执行一级检修操作）	低
		> 300	BMS报绝缘故障，执行一级检修操作	中
			BMS未报绝缘故障，观察使用（观察周期大概为一周，一旦报出绝缘故障，执行一级检修操作）	低
	> 30min	≤ 150	BMS报绝缘故障，执行检修操作	中
			BMS未报绝缘故障，仅浸水深度和浸水时间一项满足条件，观察使用（观察周期大概为一周，一旦报出绝缘故障，执行一级检修操作）	低
		> 150 ~ 300	BMS报绝缘故障，执行检修操作	中
			BMS未报绝缘故障，观察使用（观察周期大概为一周，一旦报出绝缘故障，执行一级检修操作）	低
		> 300	BMS未报绝缘故障，执行一级检修操作	低
			BMS报绝缘故障，执行二级检修操作	中

一级检修操作内容包括：①故障诊断仪检测；②动力电池气密检测；③高低压插接件插接口检测；④外观检测。二级检修操作内容除一级检修操作内容以外，必要时还需要拆箱检测和进行电气零部件维护与检修，且对报绝缘故障的部分进行更换。

> **维修提示：**
>
> 1）低风险：基本不会造成电池内部短路，更不会造成人员损伤。
> 2）中风险：预警类。高压绝缘故障，造成低压短路或继电器短路，从而带来间接人员损伤。
> 3）高风险：可能造成动力电池内部高低压短路，进一步引起动力电池热失控而发生危险。

第1章
第2章
第3章
第4章
第5章
第6章
第7章

6 动力电池系统故障

动力电池系统故障见表 1-5。

表 1-5　动力电池系统故障

故障内容	可能故障原因	故障点
系统过电压 / 欠电压	DC/DC 工作异常	检查 DC/DC 输出
ECAN 关闭	CAN 线路故障	检查 CAN 线路
与网关中断通信	CGW 故障，CAN 线路故障	检查 CGW 及 CAN 线路
与 DC/DC 中断通信	DC/DC 故障，CAN 线路故障	检查 DC/DC 及 CAN 线路
与 VCU 中断通信	VCU 故障，CAN 线路故障	检查 VCU 及 CAN 线路
与 OBC 中断通信	OBC 故障，CAN 线路故障	检查 OBC 及 CAN 线路
与 IPUR 中断通信	IPUR 故障，CAN 线路故障	检查 IPUR 及 CAN 线路
与 IPUF 中断通信	IPUF 故障，CAN 线路故障	检查 IPUF 及 CAN 线路
与 HVAC 中断通信	HVAC 故障，CAN 线路故障	检查 HVAC 及 CAN 线路
单体电压过高一级	（1）充电机或回馈功率不受控 （2）BMS 发的禁止充电标志或回馈功率错误码	（1）排查充电机或 VCU 响应 （2）排查 BMS 控制逻辑
单体电压过高二级	（1）充电机或回馈功率不受控 （2）BMS 发的禁止充电标志或回馈功率错误码	（1）排查充电机或 VCU 响应 （2）排查 BMS 控制逻辑
单体电压过高三级	（1）充电机或回馈功率不受控 （2）BMS 发的禁止充电标志或回馈功率错误码	（1）排查充电机或 VCU 响应 （2）排查 BMS 控制逻辑
单体极限过电压	（1）充电机或回馈功率不受控 （2）BMS 发的禁止充电标志或回馈功率错误码	（1）排查充电机或 VCU 响应 （2）排查 BMS 控制逻辑 （3）检修更换模组
单体电压过低一级	（1）VCU 没响应允许放电功率 （2）BMS 计算允许放电功率错误	（1）排查 VCU 响应放电功率 （2）排查 BMS 允许功率计算
单体电压过低二级	（1）VCU 没响应允许放电功率 （2）BMS 计算允许放电功率错误	（1）排查 VCU 响应放电功率 （2）排查 BMS 允许功率计算
单体电压过低三级	（1）VCU 没响应允许放电功率 （2）BMS 计算允许放电功率错误	（1）排查 VCU 响应放电功率 （2）排查 BMS 允许功率计算
单体电压过低四级	（1）BMS 高压下电控制逻辑有误 （2）电池长时间亏电放置	（1）排查 BMS 控制策略 （2）排查放置时间 （3）检修更换模组
单体极限欠电压	（1）BMS 高压下电控制逻辑有误 （2）电池长时间亏电放置	（1）排查 BMS 控制策略 （2）排查放置时间 （3）检修更换模组

续表

故障内容	可能故障原因	故障点
电芯不均衡	（1）电池一致性差 （2）最高、最低 SOC 值估算误差大	（1）更换电芯或维保电芯 （2）排查估算算法
单体动态压差过大	电池一致性差	更换电芯或维保电芯
总电压过电压一级故障	（1）充电机或回馈功率不受控 （2）BMS 发的禁止充电标志或回馈功率错误	（1）排查充电机或 VCU 响应 （2）排查 BMS 控制逻辑
总电压过电压二级故障	（1）充电机或回馈功率不受控 （2）BMS 发的禁止充电标志或回馈功率错误	（1）排查充电机或 VCU 响应 （2）排查 BMS 控制逻辑
总电压欠电压一级故障	（1）VCU 没响应允许放电功率 （2）BMS 计算允许放电功率错误	（1）排查 VCU 响应放电功率 （2）排查 BMS 允许功率计算
总电压欠电压二级故障	（1）VCU 没响应允许放电功率 （2）BMS 计算允许放电功率错误	（1）排查 VCU 响应放电功率 （2）排查 BMS 允许功率计算
电芯电压偏差故障	BMS 采集模组电压或单体电压采集误差大	排查 BMS 采集部分硬件
电芯电压超限	AFE 损坏	更换硬件
单体电压采样断线	AFE 损坏	更换硬件
回馈电流过大一级	VCU 不响应或不及时响应允许回馈电流	排查 VCU 策略
回馈电流过大二级	VCU 不响应或不及时响应允许回馈电流	排查 VCU 策略
回馈电流过大三级	VCU 不响应或不及时响应允许回馈电流	排查 VCU 策略
放电电流过大一级	VCU 不响应或不及时响应允许放电电流	排查 VCU 策略
放电电流过大二级	VCU 不响应或不及时响应允许放电电流	排查 VCU 策略
放电电流过大三级	电池包短路，外部负载不可控	排查负载
外接充电过电流一级	（1）充电机响应电流错误 （2）BMS 检测电流误差大	（1）排查充电机输出与 BMS 请求电流是否一致 （2）确认 BMS 电流精度
外接充电过电流二级	（1）充电机响应电流错误 （2）BMS 检测电流误差大	（1）排查充电机输出与 BMS 请求电流是否一致 （2）确认 BMS 电流精度
外接充电过电流三级	（1）充电机响应电流错误 （2）BMS 检测电流误差大	（1）排查充电机输出与 BMS 请求电流是否一致 （2）确认 BMS 电流精度
电流传感器零漂过大故障	霍尔传感器零漂过大	更换霍尔传感器
极限过电电流故障	（1）电流检测故障 （2）电池系统负载短路	（1）排查 BMS 电流采集硬件故障 （2）确认负载是否短路

第1章　第2章　第3章　第4章　第5章　第6章　第7章

续表

故障内容	可能故障原因	故障点
充电时大电流放电故障	（1）充电机响应电流错误 （2）BMS 检测电流误差大	（1）排查充电机输出与 BMS 请求电流是否一致 （2）确认 BMS 电流精度
充电时小电流放电故障	（1）充电机响应电流错误 （2）BMS 检测电流误差大	（1）排查充电机输出与 BMS 请求电流是否一致 （2）确认 BMS 电流精度
温度过高一级	（1）冷却系统失效 （2）环境温度高 （3）电池长时间大倍率放电	（1）确认冷却系统是否损坏 （2）确认使用环境温度 （3）确认是否大倍率长时间使用
温度过高二级	（1）冷却系统失效 （2）环境温度高 （3）电池长时间大倍率放电	（1）确认冷却系统是否损坏 （2）确认使用环境温度 （3）确认是否大倍率长时间使用
温度过高三级	（1）冷却系统失效 （2）环境温度高 （3）电池长时间大倍率放电	（1）确认冷却系统是否损坏 （2）确认使用环境温度 （3）确认是否大倍率长时间使用
温度过低一级	环境温度太低	确认使用环境
温差过大一级	（1）电池包环境温度的温差过大 （2）电池发热不均衡 （3）冷却管道不畅	（1）确认环境温差大小 （2）确认电池连接内阻是否过大 （3）冷却管道故障
温差过大二级	（1）电池包环境温度的温差过大 （2）电池发热不均衡 （3）冷却管道不畅	（1）确认环境温差大小 （2）确认电池连接内阻是否过大 （3）冷却管道故障
温差过大三级	（1）电池包环境温度的温差过大 （2）电池发热不均衡 （3）冷却管道不畅	（1）确认环境温差大小 （2）确认电池连接内阻是否过大 （3）冷却管道故障
连接器温度过高一级	（1）连接器连接松动 （2）电流中过电流	检查连接器的连接
连接器温度过高二级	（1）连接器连接松动 （2）电流中过电流	检查连接器的连接
MSD 温度过高一级	（1）MSD 连接松动 （2）电流中过电流	检查 MSD 的连接
MSD 温度过高二级	（1）MSD 连接松动 （2）电流中过电流	检查 MSD 的连接
入水口温度传感器故障	温度采样线掉线或者温度传感器异常	检查入水口温度传感器接线

续表

故障内容	可能故障原因	故障点
电池温度超限（不影响系统温度监控功能）	（1）温度传感器短路或开路 （2）BMS温度采集硬件损坏	（1）确认温度传感器是否正常 （2）更换BMS是否正常
电池温度超限（影响系统温度监控功能）	（1）温度传感器短路或开路 （2）BMS温度采集硬件损坏	（1）确认温度传感器是否正常 （2）更换BMS是否正常
电芯温度传感器开路	AFE损坏	更换硬件
电芯温度传感器短路	AFE损坏	更换硬件
高压继电器闭合，绝缘2级故障	绝缘防护失效，导致绝缘阻值低	排查绝缘
高压继电器闭合，绝缘1级故障	绝缘防护失效，导致绝缘阻值低	排查绝缘
高压继电器断开，绝缘2级故障	绝缘防护失效，导致绝缘阻值低	排查绝缘
高压继电器断开，绝缘1级故障	绝缘防护失效，导致绝缘阻值低	排查绝缘
绝缘双边阻值过低故障	绝缘防护失效，导致绝缘阻值低	排查绝缘
总正继电器粘连或预充继电器粘连	总正或预充继电器粘连	更换继电器
总正继电器无法吸合	总正继电器失效	更换总正继电器
总负继电器粘连（上电初或下高压检测）	总负继电器粘连	更换总负继电器
总负继电器无法吸合	总负继电器失效	更换总负继电器
预充继电器无法吸合	预充继电器失效	更换预充继电器
快充继电器粘连	快充继电器粘连	更换快充继电器
快充继电器无法吸合	快充继电器失效	更换快充继电器
总正继电器老化故障	（1）继电器闭合折算次数达到 （2）继电器粘连或失效	更换总正继电器
总负继电器老化故障	（1）继电器闭合折算次数达到 （2）继电器粘连或失效	更换总负继电器
快充继电器老化故障	（1）继电器闭合折算次数达到 （2）继电器粘连或失效	更换快充继电器
预充继电器老化故障	（1）继电器闭合折算次数达到 （2）继电器粘连或失效	更换预充继电器

第1章

第2章

第3章

第4章

第5章

第6章

第7章

续表

故障内容	可能故障原因	故障点
主正继电器动作时内外压差大	外部电压不稳定	检查外部附件
预充过电流	（1）负载短路 （2）没预充完启动负载	排查负载
预充短路一级故障	（1）负载短路 （2）没预充完启动负载	排查负载
预充短路二级故障	（1）负载短路 （2）没预充完启动负载	排查负载
预充失败（超时）	（1）负载短路 （2）没预充完启动负载	排查负载
VCU 故障响应超时	（1）VCU 与 BMS 通信失效 （2）VCU 策略失效	（1）排查通信 （2）排查 VCU 策略
热失控 / 温升过快	电池热失控	重新检测电池
SOH 过低 1 级	SOH 低	确认 SOH 是否正确
SOH 过低 2 级	SOH 低	确认 SOH 是否正确
SOC 过低	SOC 低	确认 SOC 是否为 0
SOC 过高	SOH 高	确认是否过充
SOC 存储失败	（1）BMS 初始化故障 （2）SOC 修正	（1）更换 BMS 控制单元 （2）确认故障
SOH 存储失败	（1）BMS 初始化故障 （2）SOC 修正	（1）更换 BMS （2）确认故障
高压回路断路	高压回路断开	检查总正、总负之间电压，排查断开位置
高压输出回路开路	检查主正和主负继电器	检查主正和主负继电器
初始供电电源电压低	12V 电压低	检查低压供电电源
碰撞故障	发生了碰撞	检查硬件是否损坏
直流充电机与 BMS 功率不匹配故障	（1）充电机不适用 （2）BMS 参数配置错误	（1）充电机不适用于此车辆，或充电机参数错误 （2）排查参数设置合理性
充电桩引起 BMS 带载切断继电器	（1）充电机不适用 （2）VCU 响应错误	（1）充电机不适用于此车辆，或充电机参数错误 （2）排查 VCU 充电时的响应
电流传感器故障	（1）供电断线 （2）与 BMS 通信断线	（1）排查传感器供电及本身 （2）排查通信线

续表

故障内容	可能故障原因	故障点
电池管理系统通信故障	（1）PEC 错误 （2）通信线短路或开路 （3）供电断线	（1）检查电池管理系统相关通信软件 （2）检查电池管理系统相关供电线 （3）更换 BMS 控制单元
均衡电阻温度过高	（1）均衡开关短路 （2）均衡时间过长	（1）检查均衡开关开通时间 （2）更换 BMS 控制单元
电池管理系统（芯片）均衡开关短路	均衡开关损坏	更换 BMS 控制单元
电池管理系统过温一级	（1）均衡通道开通过多 （2）电池管理系统芯片损坏	（1）检查均衡开通通道数 （2）更换 BMS 控制单元
电池管理系统过温二级	电池管理系统芯片损坏	更换 BMS 控制单元
电池管理系统模组电压采样失效	（1）芯片 HVMUX 开关开路 （2）电池管理系统的 VBLK 缓存器故障 （3）电池管理系统 VBLKP 管脚开路	更换 BMS 控制单元
电池管理系统单体温度采样失效	（1）电池管理系统的 AUXINn 管脚开路 （2）电池管理系统的温度采样线断线	（1）更换 BMS 控制单元 （2）检查单体温度采样线
电池管理系统单体电压采样失效	（1）奇数通道采集线断线 （2）偶数通道采集线断线 （3）MAX17823 内部多路选通开关开路 （4）单体测量管脚开路 （5）单体测量管脚短路到 SWn （6）单体测量管脚漏电 （7）电池管理系统的 VDDL 管脚开路或短路 （8）电池管理系统的 SHDNL 管脚开路或短路	（1）检查单体采样线束 （2）更换 PCB 控制单元
电池管理系统采样失效	（1）奇数通道采集线断线 （2）偶数通道采集线断线 （3）电池管理系统控制单元内部多路选通开关开路 （4）总压测量管脚开路 （5）总压测量管脚短路 （6）总压测量管脚漏电 （7）控制单元内部芯片的 VDDL 管脚开路或短路 （8）控制单元内部芯片的 SHDNL 管脚开路或短路	（1）检测总压采样线束 （2）更换 BMS 控制单元
绝缘检测采集电压超限故障	（1）采集回路断开 （2）BMS 检测故障	（1）排查总正、总负接线是否正确 （2）更换 BMS 硬件

续表

故障内容	可能故障原因	故障点
高压互锁断路故障	插接件没插或松动	排查高压插接件
高压互锁检测回路异常故障	插接件没插或松动	排查检测线束
高压互锁短路到地故障＋高压互锁短路到电源故障	测量线发生短路或开路	排查检测线束
BMS 非预期的下电故障	供电断线或软件复位	不处理
BMS 非预期的重启故障	软件复位	不处理
CC2 短地异常	CC2 对地短路或接入电阻失效	排查 CC2 对地阻值
EEPROM 读写故障	EEPROM 模块故障	更换 BMS 控制单元
Flash 读写故障	Flash 模块故障	更换 BMS 控制单元
RTC 故障	RTC 计数器损坏	更换 BMS 控制单元
主控温度检测通道 1/2/3 失效	主控温度检测通道 1/2/3 短路到电源或开路主控温度检测通道 1/2/3 短路到地	更换 BMS 控制单元
慢充 CP 信号 S2 开关失效	S2 开关损坏（短路和开路）	更换 BMS 控制单元
慢充 CP 信号短路或开路	线束短路或者开路	排查 CP 线束
电池总压检测失效	（1）电池总压检测回路开路或短路到地（2）电池总压检测开关短路	排查继电器线圈驱动线束
总正电压检测失效	总正电压检测回路开路或短路到地总正电压检测开关短路	排查继电器线圈驱动线束
充电电压检测失效	充电电压检测回路开路或短路到地充电电压检测开关短路	排查继电器线圈驱动线束
高压检测电路开关失效	回路开关控制失效	更换 BMS 控制单元
绝缘检测电路失效	（1）绝缘检测正桥臂检测回路开路或短路到地（2）绝缘检测正桥臂检测开关短路（3）绝缘检测负桥臂检测回路开路或短路到地（4）绝缘检测负桥臂检测开关短路	更换 BMS 控制单元
正极继电器线圈开路	正极继电器高边驱动开路，正极继电器低边驱动开路	排查继电器线圈线束

续表

故障内容	可能故障原因	故障点
正极继电器线圈短路到电源	正极继电器高边驱动短路至电源	排查继电器线圈线束
正极继电器线圈短路到地	正极继电器低边驱动短路至地	排查继电器线圈线束
负极继电器线圈开路	总负继电器高边驱动开路，总负继电器低边驱动开路	排查继电器线圈线束
负极继电器线圈短路到电源	总负继电器高边驱动短路至电源	排查继电器线圈线束
负极继电器线圈短路到地	总负继电器低边驱动短路至地	排查继电器线圈线束
直流充电继电器线圈开路	直流充电继电器高边驱动开路，直流充电继电器低边驱动开路	排查继电器线圈线束
直流充电继电器线圈短路到电源	直流充电继电器高边驱动短路至电源	排查继电器线圈线束
直流充电继电器线圈短路到地	直流充电继电器低边驱动短路至地	排查继电器线圈线束
预充继电器线圈开路	预充继电器高边驱动开路，预充继电器低边驱动开路	排查继电器线圈线束
预充继电器线圈短路到电源	预充继电器高边驱动短路至电源	排查继电器线圈线束
预充继电器线圈短路到地	预充继电器低边驱动短路至地	排查继电器线圈线束
唤醒 VCU 信号短路至电源	线束短路	排查线束
唤醒 VCU 信号短路到地	线束短路	排查线束

7 动力电池及管理系统故障检测

所有电动汽车的电池管理系统均负责动力电池的监控和管理，估算动力电池状态，保证电池系统的性能和安全，满足整车控制的通信需求，并对高压接触器等执行部件进行控制。但根据车辆配置等因素，具体到某个车型可能在策略和硬件设置上又有所不同。

举例说明：

小鹏 P7 纯电动汽车电池管理系统（BMS）包含两种电子模块，即 BMU、HV_CSU，其中 BMU 功能见表 1-6，其集成了电芯电压采集、模组温度采集、均衡控制功能等，为集中式 BMU，具体电气控制架构见图 1-46 和图 1-47。

表 1-6　BMU 功能

系统	包含的模块	序号	功　　能	控制／功能说明
电池管理系统（BMS）	BMU	1	剩余容量估算	估算电池剩余容量
		2	剩余能量估算	估算电池剩余能量
		3	SOE 估算	估算电池
		4	SOC 估算	估算电池电荷状态
		5	寿命估算	估算电池健康状态
		6	可用功率计算	计算电池可用功率
		7	充电管理	对电池充电过程进行管理
		8	高压管理	控制高压输出
		9	低压管理	控制电池管理系统唤醒与休眠
		10	高压互锁检测	检测电池系统高压互锁状态
		11	通信功能	带三路 CAN 通信功能
		12	绝缘测量	测量电池绝缘阻值及绝缘状态
		13	故障诊断	对故障进行诊断并处理
		14	电芯电压采集	测量每一串电池电压
		15	模组温度采集	对每个模组的温度进行测量
		16	被动均衡功能	可对电芯电压进行均衡
	HV_CSU	1	总电压测量	测量电池系统总电压
		2	电流测量	测量电池系统母线电流

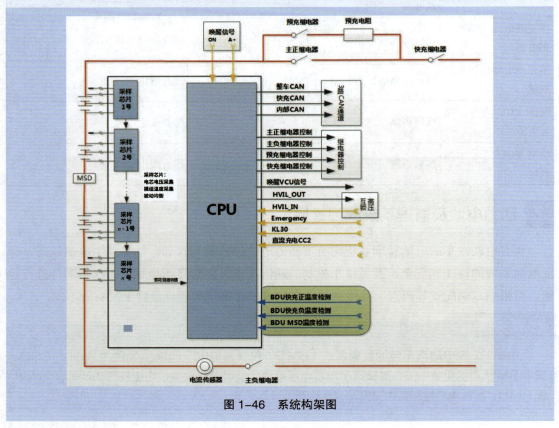

图 1-46　系统构架图

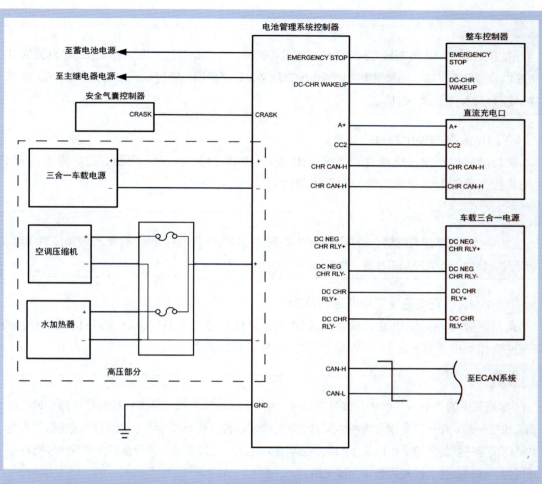

图 1-47 控制系统简图

（1）系统过电压或者欠电压故障。

系统过电压或者欠电压一般是 DC/DC 工作异常，或者不工作造成的，通常会初始化供电电源电压（12V 电压低）。这时应该重点检查 DC/DC 输出和低压供电电压、BMS 控制器电源电路和 BMS 控制器接地电路。

💡 维修提示：

如果上述检测结果均正常，那么这种系统过电压或者欠电压的故障问题通常出在电池管理系统控制器本身，应通过更换控制器来解决。更换电池管理系统控制器后需要进行计算机配置学习。

（2）动力和高压系统 CAN（ECAN）关闭故障。

如果故障诊断仪执行故障诊断检测显示 ECAN 关闭，故障点基本比较明确，一般就是 CAN 线路故障，需要对 BMS 控制器 CAN 通信线路进行诊断和检测。

第1章 第2章 第3章 第4章 第5章 第6章 第7章

> **维修提示：**
>
> 如果检测 BMS 控制器 CAN 通信线路没有问题，则应继续检查电池管理系统控制器的供电接地导线是否正常，如果供电接地线也没有问题，则更换电池管理系统控制器（BMS）来解决"ECAN 关闭"这个故障。

（3）BMS 与网关中断通信故障。

执行故障诊断显示电池管理系统（BMS）与中央网关（GW）中断通信，重点检查中央网关控制器与电池管理系统控制器之间的 CAN 线路情况。

> **维修提示：**
>
> 如果检测线路没有问题，则需要检查中央网关控制器的供电接地电路；如果电路没有问题，则可判定是中央网关控制器故障。

（4）BMS 与直流逆变器中断通信故障。

执行故障诊断显示电池管理系统（BMS）与直流逆变器 DC/DC 中断通信，重点检查直流逆变器与电池管理系统控制器之间的 CAN 通信线路情况。

> **补充说明：**
>
> 电路图中的"8/ ∞"字中的线是双绞线，也就是 CAN 总线。两条绝缘的导线按一定密度相互绞在一起。每一根导线在传输中辐射出来的电波会被另外一根导线上发出的电波相抵消，有效降低信号干扰的程度。电路图中的实心圆点是铰接点，该段导线上有两条或多条导线铰接在一起连通，铰接点旁边的框内数字为该代码。

> **维修提示：**
>
> 通常，三合一车载电源指的是直流逆变器、充电机、高压配电盒这三个集成为一体的车载电源。
>
> 如果上述检测线路没有问题，则需要检查直流逆变器（三合一车载电源）线束连接器供电接地电路；如果线路正常，则可判定是直流逆变器故障。更换直流逆变器并设定学习。

（5）BMS 与整车控制器中断通信。

执行故障诊断显示整车控制器（VCU）与电池管理系统（BMS）中断通信，故障点应在 VCU 及 CAN 总线，应重点检查 CAN 通信线路。电路图见 1-48。

> **维修提示：**
>
> 如果检测线路没有问题，则需要检查整车控制器的供电接地电路是否正常；如果线路正常，则可判定是整车控制器故障。

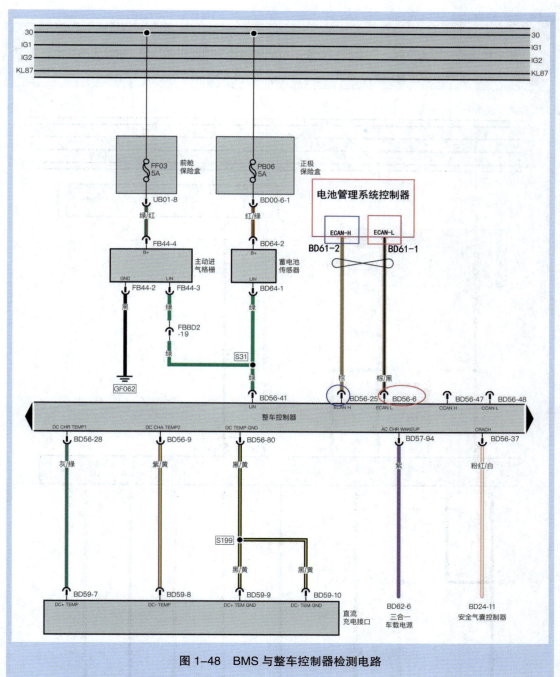

图 1-48　BMS 与整车控制器检测电路

（6）BMS 与车载充电机中断通信。

执行故障诊断显示充电机（OBC）与电池管理系统之间中断通信，也就是说充电机（OBC）与电池管理系统控制器线束连接器之间的 CAN 数据通信出现故障。故障点可能在 OBC 及 CAN 总线，应重点检查电路图 1-49 中的 CAN 通信线路。

检测要点：执行车辆下电程序。断开充电机（三合一车载电源）线束连接器；断开电池管理系统控制器线束连接器。

> **维修提示：**
>
> 如果检测线路没有问题，则需要检查充电机的供电接地电路是否正常；如果线路正常，则可判定是三合一车载电源（充电机）故障。

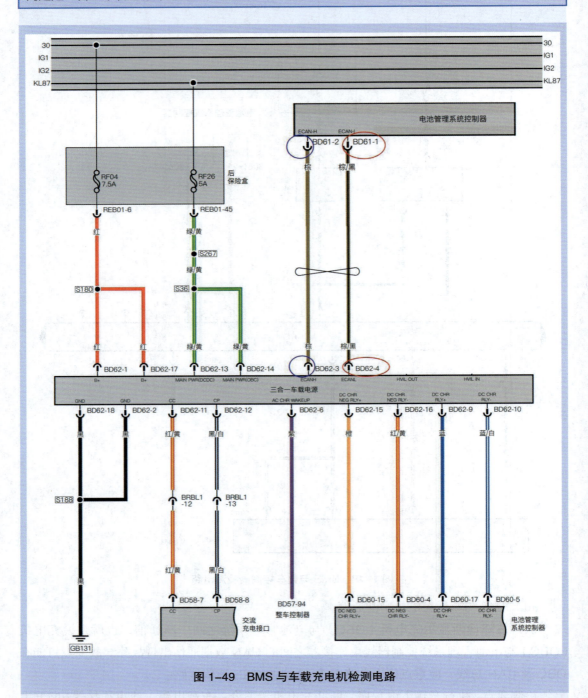

图 1-49　BMS 与车载充电机检测电路

（7）BMS 与驱动电机中断通信。

执行故障诊断显示驱动电机控制器与电池管理系统之间中断通信，也就是说驱动电机与电池管理系统控制器线束连接器之间的 CAN 数据通信出现故障。故障点可能在驱动电机及 CAN 总线，应重点检查电路图 1-50 中的 CAN 通信线路。

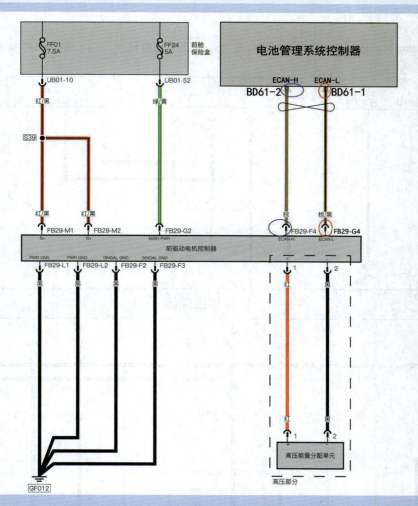

图 1-50　BMS 与驱动电机检查电路

> 维修提示：
>
> 如果检测线路没有问题，则需要检查前驱动电机控制器的供电接地电路是否正常；如果线路正常，则可判定是前驱动电机控制器故障。

（8）BMS 与空调控制器中断通信。

执行故障诊断显示与 HVAC 中断通信，也就是说空调控制系统（HVAC）与电池管理系统之间的 CAN 数据通信出现故障。故障点可能在空调控制器及 CAN 总线，应重点检查电路图 1-51 中的 CAN 通信线路。

> **维修提示：**
>
> 　　如果上述检测线路没有问题，则需要检查空调控制器的供电接地电路；如果线路正常，则可判定空调控制器故障。

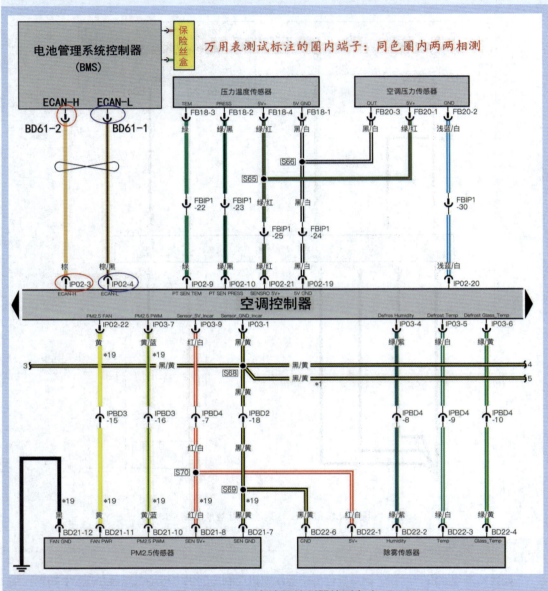

图 1-51　BMS 与空调控制器检测电路

1.3 动力电池维修与操作

1.3.1 拆卸维修开关

（1）关闭所有用电器，车辆下电。

（2）断开蓄电池负极极夹。

（3）拆卸后排座椅坐垫总成。

（4）拆卸手动维修开关。

如图 1-52 所示，往上脱开维修开关红色解锁键；然后翻转维修开关方向拆卸手柄，拆下手动维修开关①。

图 1-52 拆卸维修开关

💡 维修提示：

拆卸维修开关时，务必戴绝缘手套。

拆卸手动维修开关后，注意防护，不要触摸维修开关座裸露的高压部件，并用适合的绝缘工具遮挡维修开关座，防止异物或水进入。将维修开关专门放置在指定位置或工具箱中，并遵从谁拆卸谁保管的原则。

1.3.2 保养和拆装动力电池

动力电池系统位于整车底盘下方，如图 1-53 ~ 图 1-55 所示，主要由电池模组、电池箱体、辅助支架、电池管理系统（BMS）、高低压电气系统（高压配电盒、高压铜排总成、低压线束总成）以及热管理系统（液冷板总成、水管总成）构成。

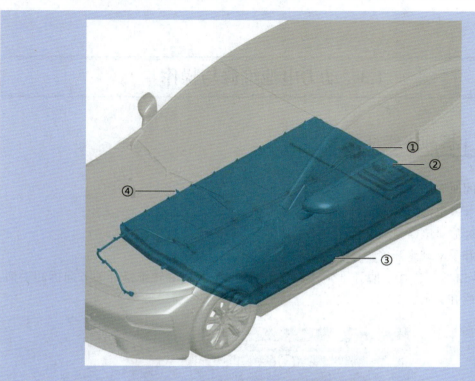

图 1-53　动力电池位于车辆底部

①—动力电池线缆；②—维修开关；③—动力电池（电池包）；④—等电位铜排 ① 总成

维修开关

图 1-54　动力电池外观

---

① 等电位铜排又称铜母线、铜母排或铜汇流排、接地铜排，是一种大电流导电产品，适用于高低压电器，是由铜质材料制作的、截面为矩形或倒角（圆角）矩形的长导体。

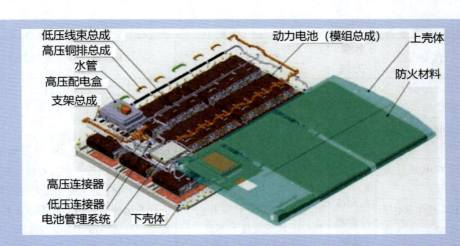

图 1-55　动力电池总成零部件

图中标注：
低压线束总成
高压铜排总成
水管
高压配电盒
支架总成
高压连接器
低压连接器
电池管理系统
下壳体
动力电池（模组总成）
上壳体
防火材料

1 动力电池的保养

动力电池保养检修内容及判定标准见表 1-7。

表 1-7　动力电池保养检修内容及判定标准

类别	作业项目	检验方法	判定标准	不合格处理意见与备注
外观检查	异味检查	鼻嗅	箱体周围无刺激性和烧焦等异味	隔离车辆，开箱排查
	箱体外部插接件检查	目测	箱体外部高/低压插接件完好无破损，且连接牢靠无松脱	插接件破损或松脱时禁止现场返修，需联系电池专修组开箱排查，根据故障影响范围确定维修方案
	箱体与车架螺栓紧固检查	扭力检测	复检螺栓扭力值在标准范围内（70N·m）	重新锁紧划线
	下箱体检查	目测	（1）PVC 不允许片状脱落 （2）PVC 脱落后露底面积不大于 1cm² （3）无严重变形、破损	（1）PVC 脱落时需补喷 （2）箱体变形/破损程度严重时，应隔离电池包，联系电池专修组进行开箱检查，根据故障影响范围确定维修方案
	维修开关检查（MSD）	目测	维修开关无变形/开裂，开关内部洁净无污物	MSD 变形/开裂后，需电池专修组开箱检查，根据故障影响范围确定维修方案
	水冷管进/出水口检查	目测	检查水冷管进/出水口是否有冷却液渗漏、变形或破损	肉眼可见明显渗液或进/出水口变形/破损需联系电池专修组开箱检查，根据故障程度确定更换下箱体或电池总成
	上箱盖检查	目测	（1）无裂纹、无破损、无严重变形 （2）防爆阀牢固且外观良好	箱体或防爆阀开裂/破损/严重变形时需电池专修组开箱检查，根据故障程度确定更换上箱盖或电池总成

续表

类别	作业项目	检验方法	判 定 标 准	不合格处理意见与备注
故障诊断仪执行诊断	读取最高单体温度	借助故障诊断设备	静态的最高单体温度、温差、压差、总电压、绝缘阻抗、进/出水口温度（若有监控）等参数应符合该型号电池总成技术要求	根据售后诊断仪测试项目及判定标准，读取到故障码后，先排查故障是否由电池本身引起，如果锁定是电池内部故障，需联系电池专修组开箱检查，根据故障程度确定更换零件或电池总成
	读取电池温差范围			
	读取电池压差范围			
	读取电池总电压			
	实测系统绝缘阻抗			
	读取进水口温度			
	读取出水口温度			
	确认软件版本		判断是否为最新版本	不符合需要刷新软件（与整车软件匹配）
	读取电池故障代码		根据故障等级分级表判定故障等级	根据故障等级分级表确定处理方案
气密测试	气密性测试	气密性测试	气密检测设备	不达标需联系电池专修组开箱排查，根据气密失效原因和故障程度确定更换零件或电池总成
开箱检查	由电池专修组执行			

2 动力电池主要拆卸事项

（1）关闭所有用电器，车辆下电。

（2）断开蓄电池负极极夹。

（3）拆卸维修开关。

（4）排放冷却液。

（5）拆卸前舱底部护板总成。

（6）拆卸前舱底部护板电池包安装支架总成。

（7）拆卸备胎池护板总成。

（8）拆卸备胎池护板电池包安装支架总成。

（9）拆卸左/右后轮导流板。

（10）拆卸左/右侧裙板总成。

（11）拆卸电池包。

1）旋出电池包高压线束固定螺母 A（见图1-56）。

2）断开电池包高压线束连插接头 B（见图1-56）。

3）脱开固定卡扣，揭开后座椅下隔音垫总成。

4）旋出固定螺母，拆下检修口盖组件。

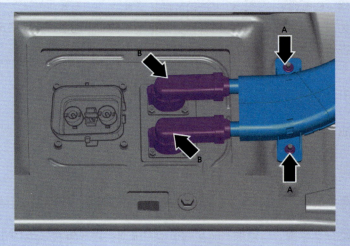

图 1-56 断开高压线束

5）旋出固定螺栓 A，拆下电池包高压插接件（见图 1-57）。

6）断开电池包低压连接插头 B 和插头 C（见图 1-57）。

7）松开固定卡箍，脱开电池出水管与电池包连接。

8）松开固定卡箍，脱开出水管与电池包连接。

9）旋出固定螺栓，取出等电位铜排总成。

10）使用电池包拆装工具支撑电池包。

11）旋出电池包固定螺栓。

12）调节电池包拆装工具缓慢地放下电池包。

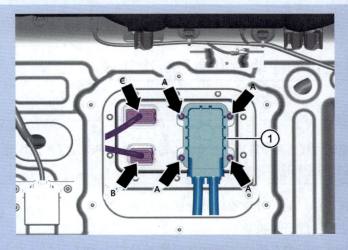

图 1-57 拆卸电池包高压插接件、断开电池包低压连接插头

（1）车下操作，穿戴好安全帽、安全鞋和手套。

（2）使用动力电池拆装工具支撑电池包时，注意观察动力电池是否支撑稳定。

（3）动力电池较重，移出整车时，严禁接近升降车，防止侧滑掉落伤人。

3　安装动力电池

安装动力电池以倒序进行，同时注意下列事项。

（1）按规定力矩紧固电池包固定螺栓。

（2）安装完成后，加注冷却液。

维修提示：

如果动力电池存在故障，应更换 BMS 或者动力电池，更换后需要在 BMS 控制器中重新写入 VIN 信息。根据诊断仪提示，在 BMS 的"参数写入"栏中逐一写入。

1.3.3　拆卸动力电池线缆

（1）关闭所有用电器，车辆下电。

（2）断开蓄电池负极极夹。

（3）拆卸维修开关。

（4）拆卸电池包。

（5）拆卸动力电池线束。

1.3.4　排空和加注动力电池系统冷却液

举例说明：

为避免动力电池内残留冷却液和系统管路内有气阻，以下列举了广汽埃安 Y 用专用冷却液更换设备进行的系统排空和冷却液加注。

（1）举升车辆，在车辆下方放置冷却液回收容器。

（2）拆卸发动机舱前下护板总成。

（3）拆卸动力电池温控系统冷却液加注口盖（见图 1-58）。

（4）断开电池出水管总成 A、电池进水管总成 B 与电池组箱总成的连接，排放电池组箱总成与管路内的冷却液。排放完毕后，堵塞电池出水管总成 A，连接电池进水管总成 B

到电池组箱总成（见图 1-59）。

（5）安装专用密封加注盖到膨胀壶。正确安装密封盖并安装到位，避免因密封不严导致漏气。

（6）连接压缩气体管路到专用密封加注盖任一接头，使用压缩气体吹出系统内残余冷却液。

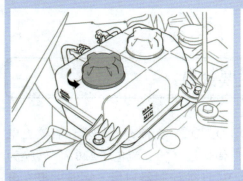

图 1-58　拆卸冷却液盖

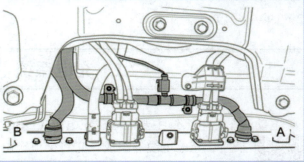

图 1-59　断开出水管

💡 维修提示：

打开压缩气体时，使回收容器贴近电池出水口，谨防冷却液喷溅。

（7）排放完毕后，连接电池出水管总成到电池组箱总成出水口，电池进水管应连接牢固。

（8）断开压缩气体管路。拆下专用密封加注盖。

（9）加注冷却液。

1）连接双排弹簧加注软管到专用密封加注盖。

2）连接真空抽气管、冷却液加注管、硅胶注水软管到冷却液更换设备上对应的抽气、加注、注水接口，将硅胶注水软管进水端放入盛有冷却液的容器内。

3）连接冷却液更换设备并打开电源开关。加注冷却液。

4）单击 SET 按钮，切换单位，点击上下调整按钮设置加注量。单击 RUN/STOP（运行 / 停止）按钮，启动定量控制模块，此时屏幕保持常亮。

5）打开启动开关（绿色灯），主机开始对系统进行抽真空。当压力表读数达到 -90kPa 时，抽真空动作自动停止，开始自动加注。定量控制显示屏显示瞬时加注速度与加注量，当加注到指定剂量的冷却液时，加注动作自动停止，显示屏变暗。

6）打开复位开关（蓝色灯），主机内部管路压力恢复至大气压。打开缓冲罐下方的排水阀，可将管路残留的冷却液排放到外部。

7）断开双排弹簧加注软管与专用密封加注盖的连接。

8）拆卸专用密封盖，观察冷却液是否加注到所需刻度，并对膨胀箱进行适量的补充。安装并拧紧加注盖。

第 2 章　充电系统维修

2.1　充电系统主要部件

电动汽车充电系统主要由车载充电机（OBC）、DC/DC、交流充电插座、直流充电插座、充电电缆等组成。它将交流充电口传递过来的交流电（220V）转换为直流高压电为动力电池充电，与 BMS、VCU 等控制器通信，实时上报充电状态（见图 2-1 ~ 图 2-3）。

扫码看视频

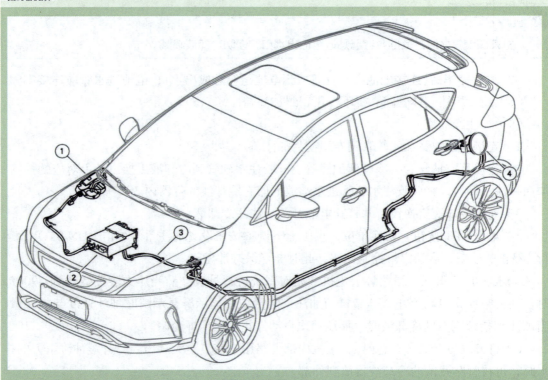

图 2-1　充电系统 / 两个充电插口（纯动力汽车）

①—交流充电插座；②—车载充电机；③—直流母线；④—直流充电插座

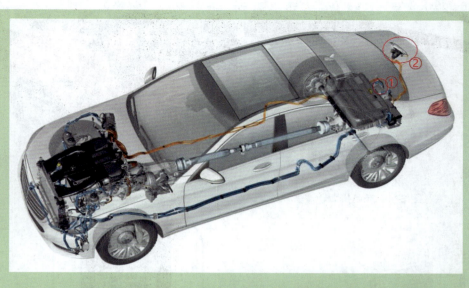

图 2-2　充电系统 / 一个充电插口（插电混合动力汽车）

①—车载充电机；②—直流充电插口

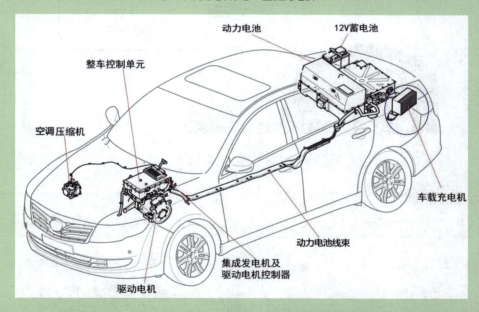

整车控制单元

动力电池

12V蓄电池

空调压缩机

车载充电机

动力电池线束

集成发电机及
驱动电机控制器

驱动电机

图 2-3　充电系统 / 无外接充电插口（非插电混合动力汽车）

1　充电插口及外接设备

大部分纯电动汽车一般有两种充电模式、三种充电方式：家用单相交流充电、充电桩单相交流充电、充电桩直流充电。充电接口大部分置于前面格栅位置和原来燃油汽车油箱盖位置两侧（见图 2-4），以及前翼子板上后侧位置（见图 2-5）。交流充电时，充电指示灯显示表示正在充电（见图 2-6）。

第 1 章
第 2 章
第 3 章
第 4 章
第 5 章
第 6 章
第 7 章

图 2-4　充电接口

图 2-5　充电接口（前翼子板处）

充电指示灯

图 2-6　交流充电接口 / 充电指示灯

📢 举例说明：

　　图 2-7 所示为大众途观 L 插电式混合动力含指示灯的汽车充电接口，指示灯信息见表 2-1。

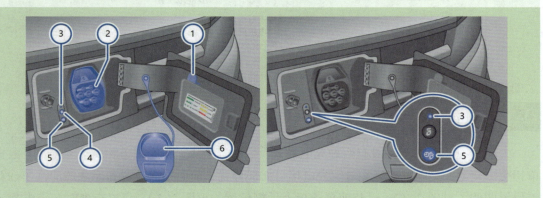

图 2-7　充电接口 / 指示灯（途观）

①—高压充电口盖板；②—充电插座；③—充电状态指示灯；④—立即充电按钮；⑤—延迟充电按钮；⑥—高压电池充电口保护盖

表 2-1　充电接口 / 指示灯信息

高压充电口盖板上的标识牌	颜色信息识别	说明 / 措施
	绿色指示灯持续亮起	高压电池的充电过程已结束
	绿色指示灯脉动式亮起	高压电池正在充电
	离开车辆后绿色指示灯快速闪烁	已通过信息娱乐系统设定延迟充电（出发时间），但尚未开始。此外延迟充电按钮的指示灯亮起
	黄色指示灯闪烁	将换挡杆置于 P 挡位置
	黄色指示灯持续亮起	尽管充电电缆已连接，却未识别到电网。检查供电或电源。使用随车充电电缆时，控制盒上会显示电源状态
	红色指示灯持续亮起	充电系统中有故障

（1）家用单相交流充电。

高压电池可使用固定的家用充电桩进行充电，充电功率最高达 3.6kW。供电插座应选用符合国标的家用插座，避免因大功率充电导致线路破坏和保护跳闸，影响其他设备的正常使用。使用前必须检查相关电气系统是否有隐患。使用家用充电桩充电时请遵守设备操作说明，遵守使用交流电充电的操作规程。

举例说明：

图 2-8 和图 2-9 所示为比亚迪 BYD EV 交流充电连接装置，是随车配送的充电装置，将车辆与家用标准 220V、50Hz、10A 单相两极带地插座相连可为车辆充电。

图 2-8　交流充电插口插入随车配送的充电装置来充电

图 2-9　随车配送的充电装置

（2）充电桩单相交流充电。

使用公共场所电网的交流充电桩或随车配送的充电桩为车辆充电。

举例说明：

图2-10所示为比亚迪元EV的交流充电插口，位置在前保险杠格栅，图2-11红色圈内为交流充电插口。有以下两种开启充电口盖的方法。

电动开启充电口盖：按下左侧门上的开启充电口盖开关，打开前格栅上的充电口盖。

手动开启充电口盖：打开前舱盖，同时按下前格栅上两侧开启开关即可开启充电口盖，内有接入充电桩充电设备或者随车充电设备。

图2-10　交流充电插口（1）

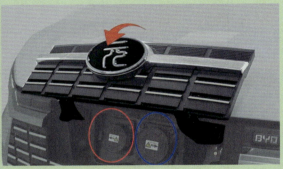

图2-11　交流充电插口（2）

（3）充电桩直流充电。

使用公共场所电网的直流充电柜为车辆充电，充电柜一般安装在特定的充电站。

举例说明：

图2-12所示为比亚迪元EV的直流充电插口，位置在前保险杠格栅，图2-11蓝色圈内为直流充电插口。

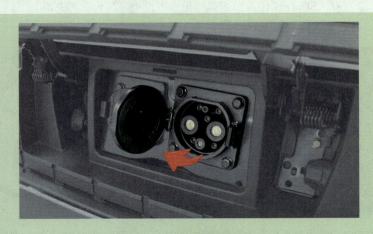

图2-12　直流充电插口

💡 **维修提示：**

　　插电式混合动力汽车虽然可以外接充电，但由于使用纯电模式下是一种辅助功能，同时受混合动力系统的车内物理空间、成本等限制，混合动力汽车的动力电池个头小，容量也小，不宜使用直流快充系统进行充电，只能采用交流慢充系统进行充电。

　　（4）充电接口电气标注。

　　根据国家标准规定，国内电动汽车的标准是：慢充交流接口采用的是七针结构；快充直流接口采用的是九针结构。例如某车型充电接口标准定义见表2-2。

表2-2　充电接口标准定义

充电接口	序号	端针	定　义	图　示
快充直流接口	1	DC−	直流电源负极	
	2	DC+	直流电源正极	
	3	PE	地线（车身搭铁）	
	4	A−	低压辅助电源负极（连接非车载充电机，为电动汽车提供低压电辅助电源）	
	5	A+	低压辅助电源正极（连接非车载充电机，为电动汽车提供低压电辅助电源）	
	6	CC1	充电连接确认	
	7	CC2	充电连接确认	
	8	S+	充电通信CAN−H（连接非车载充电机与电动汽车通信）	
	9	S−	充电通信CAN−L（连接非车载充电机与电动汽车通信）	
慢充交流接口	1	CP	控制确认线	
	2	CC	充电连接确认	
	3	N	交流电源	
	4	L	交流电源	
	5	NC1	备用端子	
	6	NC2	备用端子	
	7	PE	地线（车身搭铁）	

2 车载充电机

现在大部分电动汽车采用的都是集成式车载充电机（见图 2-13）。集成式车载充电机集成了车载充电机、DC/DC、高压配电盒。车载充电机有的只有一平层布局，有的有上下两层布局，通常一层是车载充电机和 DC/DC 部分，另一层是高压配电盒部分。有些低端和老款电动车的车载充电机相对比较单一、独立，而现在一些电动汽车集中化程度更高。

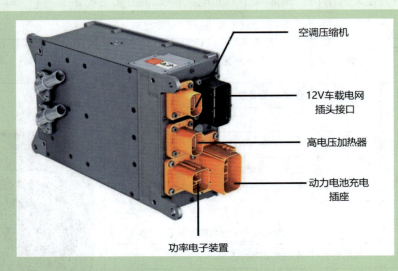

图 2-13　车载充电机

举例说明：

（1）现在的电动汽车电动化系统高度集中，如 2021 款宝马 BMW G8 的联合充电单元 CCU（见图 2-14）高度集中了以下软 / 硬件和功能。充电时，CCU 执行以下功能。

1）通过控制导线和邻近导线与充电装置通信。

2）通过电力线通信 PLC 与充电设备进行通信。

3）充电过程的协调和监控（AC 和 DC 充电）。

4）与充电过程中相关的车辆部件进行通信。

5）协调和监视高压电车载网络中的高压电源管理。

6）将电能分配给电加热器和电动制冷剂压缩机。

7）充电接口电子装置控制。

8）将三相交流电压转换为直流电压。

（2）图 2-15 所示的 2016 款帝豪 EV 的充电器和配电盒没有集成在一个单元，它们是分开的。

图 2-14　高度集成的联合充电单元 CCU

①—高压接口（连至车内电子暖风装置和动力电池电加热装置）；②—高压接口（连至电动空调压缩机）；③—高压接口（连至动力电池）；④—低压电车载网络的接口；⑤—12V 供电正极（DC/DC 转换器输出端）；⑥—12V 供电负极（DC/DC 转换器输出端）；⑦—冷却液回流接口；⑧—冷却液进流接口；⑨—交流充电高压接口（充电接口的输入端）

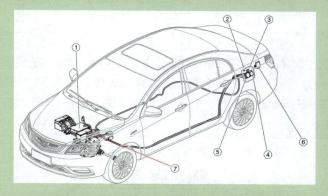

图 2-15　充电器和高压配电盒未集成在一个单元

①—车载充电机；②—充电接口照明灯；③—充电接口指示灯；④—交流充电接口；⑤—直流充电接口；⑥—辅助控制器；⑦—高压配电盒

　　具有集成式车载充电机的各种车辆的物理结构有所不同。交流充电都需要经过车载充电机向动力电池充电，见图 2-16；充电及高压连接路径见图 2-17。

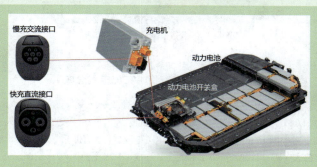

图 2-16　充电路径

💡 **维修提示：**

　　交流充电是专门为车载充电机提供交流电源的供电设备，简单来说就是交流充电只提供电力输出，没有充电功能，需连接车载充电机为电动汽车充电。

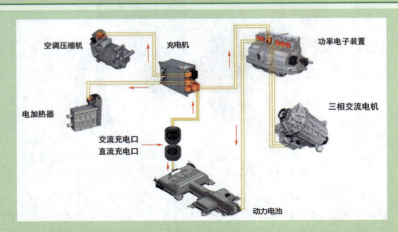

图 2-17　充电及高压连接路径

↪ **举例说明：**

　　图 2-18 所示为 2019 款比亚迪・秦 ProEV 车载充电器，集车载充电机、降压 DC/DC 模块、高压配电箱为一体。拆开图 2-18 中维修盖 17 和维修盖 18，可见内部电线缆线。交流 / 直流充电都需要经过车载充电机（充配电盒总成）向动力电池充电，拆开车载充电机上盖可见其内部结构，见图 2-19。

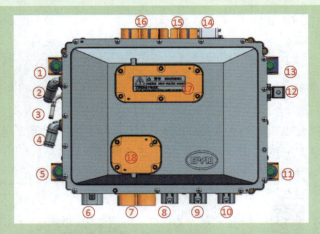

图 2-18　车载充电机（充配电盒总成）

①—辅助定位（安装在前舱大支架上）；②—出水口（连接冷却水管）；③—排水口（连接排气管）；
④—进水口（连接冷却水管）；⑤—主定位（安装在前舱大支架上）；⑥—交流充电输入（连接交流充电口）；
⑦—直流充电输入（连接直流充电口）；⑧—空调压缩机配电（连接空调压缩机）；⑨—PTC 水加热器配电（连接 PTC）；
⑩—辅助定位（安装在前舱大支架上）；⑪—低压正极输出（连接 12V 蓄电池）；⑫—辅助定位（安装在前舱大支架上）；
⑬—低压信号（连接低压线束）；⑭—高压直流输入 / 输出（连接动力电池）；⑮—电机控制器配电（连接电机控制器）；
⑯—电控母线和直流母线线鼻子固定维修盖；⑰、⑱—直流充电线缆线鼻子固定维修盖

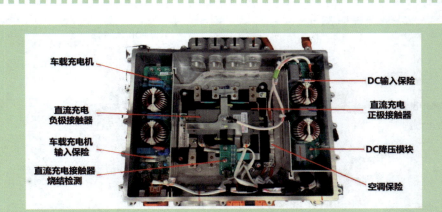

图 2-19 车载充电机（充配电盒总成）内部结构

3 高压线束

（1）高压维修事项。

电动汽车高压电很危险，动力电池电压高达 350V 左右。电动汽车维修中最重要的一点就是高压安全防护。必须严格依规执行高压电安全操作规范，做好高压触电防护（如穿标准的电工绝缘制服，佩戴护目镜，穿戴绝缘鞋和绝缘手套等），维修前必须执行高压断电程序。

（2）高压线束作用。

高压线束是高电压、大电流的电缆，是指整车橙色部分的线束，从整车底盘位置的动力电池开始，沿着地板加强件侧，延伸到发动机舱内，用于连接动力电池、电机控制器、PTC 加热器、车载充电机总成、电动空调压缩机等大功率电气设备。充电系统高压电路连接见图 2-20 和图 2-21。

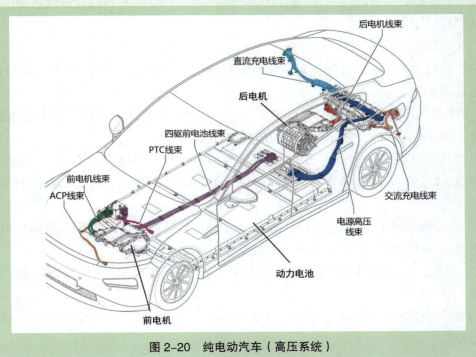

图 2-20 纯电动汽车（高压系统）

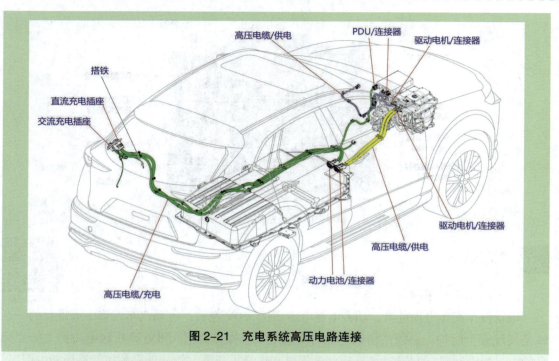

图 2-21 充电系统高压电路连接

高压线束为 5 条：电机高压线束、电机控制器高压线束、空调系统高压线束、空调高压线束、充电高压线束。充电线束为 3 条或 2 条，即充电插座线束（慢充）、充电插座线束（快充），有的还有备用充电线束。

1）高压线束的正极和负极均与车身绝缘，以确保高压电路的安全性。

2）高压线束被橙色绝缘层覆盖，有助于维修技师快速辨识出高压线束。

3）高压线束中的高压插接件具有互锁开关结构，以便 VCU 可以检测到高压插接件是否连接到位。

（3）高压线束特点。

高压线束主要用来将动力电池与各高压用电器连接，实现高压用电器取电及给动力电池充电功能。

1）电动汽车工作电压高，几乎都在 300V 以上。高压线束承载着过大的电流，有 50mm²、35mm²、4mm²、3mm² 和 2.5mm² 几种规格。

电动汽车乘用车中一般使用的额定电压为 AC 600V/DC 900V；商用车一般使用的额定电压为 AC 1000V/DC 1500V，其高压部件工作电流常为 250A，部分大功率电机可达到 400A。

2）高压线束耐压与耐温等级的性能远高于低压线束等级，所有高压插接件都需达到 IP67 等（高压线的防尘、防水等级）。其绝缘性能更是要求更高。

3）因高压已超出人体安全电压，车身不可用作搭铁点，直流高压回路必须严格执行双轨制。

4）高压线的自屏蔽性能非常好。考虑到电磁干扰的因素，整个高压系统均由屏蔽层全部包覆。

✖ 划重点

　　高压线束为避免自身产生的电磁干扰影响到其他部件，采用带有屏蔽功能的线缆。这句话同样适用 CAN 总线。

　　高压线屏蔽层为镀锡铜编织网，其密度不小于 85%，绝缘电阻大于 $500\,\Omega/\text{V}$，耐电 DC 2500V，工作温度范围为 $-40 \sim 125^\circ\text{C}$。高压线束每个接口均采用屏蔽处理，前后电机接口处由屏蔽卡环与电气盒导轨压接，控制器及动力电池插件采用有屏蔽功能的结构件。

　　（4）高压插接件。

　　1）弹性保持锁片式插接件。

　　这类插接件的保持锁片有弹性，插入到位时会自动弹出锁止到位。拆卸时，按图 2-22 所示的位置，推动锁片并同时按下卡扣，再拔出插接件。插接时，如图 2-23 所示，红色卡点要朝正上方；拆卸时，朝分离方向推动圆形锁止结构到底并同时拔出插接件。

图 2-22　弹性保持锁片式插接件（连接器）/ 拆卸时

图 2-23　弹性保持锁片式插接件（连接器）/ 安装时

2）杠杆扳手式插接件。

图 2-24 所示的杠杆扳手式插接件带有一个杠杆扳手，用于辅助插接。在操作这类插接件时需要先将扳手打开到底，对准扳手上的导向孔后插入插接件，再推扳手，推入扳手时应用力均匀，避免用力过猛导致扳手断裂。

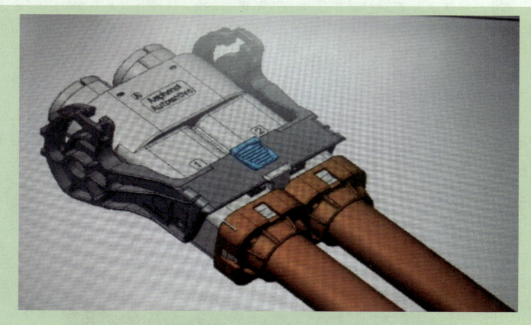

图 2-24　杠杆扳手式插接件（连接器）

3）DC/DC、OBC 交流插接件。

DC/DC、OBC 交流插接件拆卸按图 2-25 ~ 图 2-28 所示步骤进行操作。

图 2-25　DC/DC、OBC 交流插接件 (1)

图 2-26　DC/DC、OBC 交流插接件 (2)

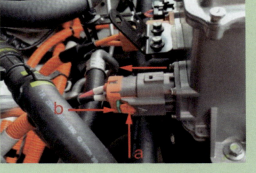

图 2-27　DC/DC、OBC 交流插接件 (3)　　　图 2-28　DC/DC、OBC 交流插接件 (4)

2.2　充电系统控制与诊断

2.2.1 │ 电动汽车和传统燃油汽车电源差异

扫码看视频

1　燃油汽车电源

传统燃油汽车电源是蓄电池和发电机，在发动机没有启动或启动瞬时由蓄电池供电，发动机启动以后由发电机负责全车供电，同时也为蓄电池充电。

> **举例说明：**
>
> 举一个老款汽车的简单例子，如图 2-29 和图 2-30 所示的吉利 GC7 这个比较简单的燃油车电源和启动电路：蓄电池→启动机保险丝→继电器 30 端子和 87 端子开关闭合→启动机线圈→搭铁，启动机工作。
>
> 发电机内部的调节器控制转子电流，从而控制电压的输出，使蓄电池及电气系统正常运行。

2　纯电动汽车电源

扫码看视频

纯电动汽车电源系统主要由集成电源系统、蓄电池、传感器等组成。电源系统将整车高压电转换为整车低压装置所需要的低压电，并在蓄电池电压低时给其充电。

如图 2-31 所示，电动汽车低压电源供给是将动力电池的电能通过 DC/DC 转换器变换为 12V 低压电源，为 12V 蓄电池和灯光、车窗、喇叭、仪表等车身电器供电。

纯电动汽车不需要发动机。因为纯电动汽车没有发动机，而是从电机直接输出动力。

纯电动汽车也不需要交流发电机。传统发动机汽车的交流发电机利用汽车发动机传动带，带动其转动发电；纯电动汽车采用 DC/DC 转换器，利用 DC/DC 转换器为低压蓄电池充电，这样就省去了交流发电机。

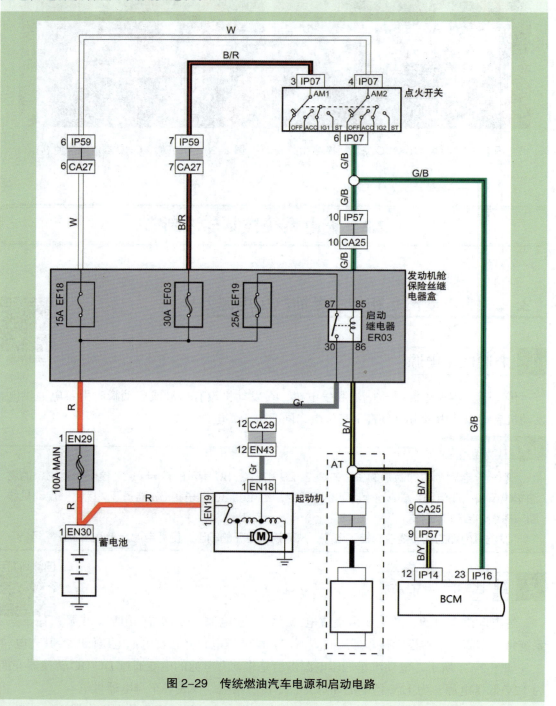

图 2-29　传统燃油汽车电源和启动电路

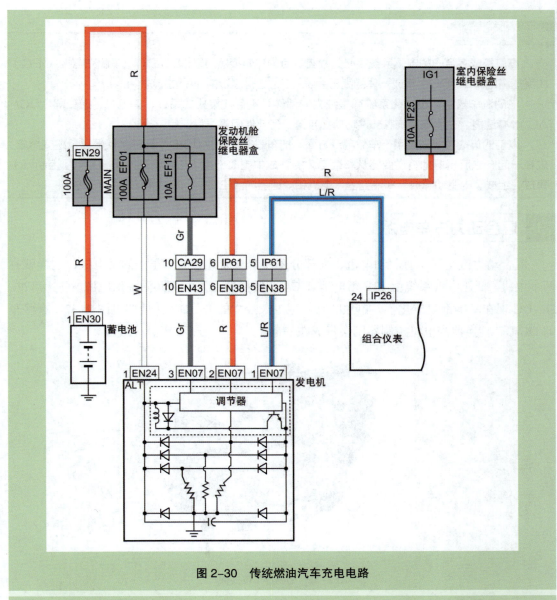

图 2-30　传统燃油汽车充电电路

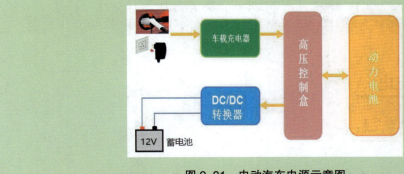

图 2-31　电动汽车电源示意图

> **✍ 补充说明：**
>
> 高度集成多合一的电驱系统是必然趋势。目前将转换器（直流 DC/DC）、车载充电机（OBC）和高压配电箱（PDU）集成一体的高压系统"三合一"集成电源是主流。
>
> 电动汽车最初的电动化系统都是独立的部件，不存在集成式设计，其电机、逆变器（DC/AC）、减速器、充配电系统等部件均单独布置，各部件间靠线束连接。
>
> 以前的集成方式主要用于车载电源方面，把车载充电机、DC/DC 直流转换器以及逆变器集成在一起，之后慢慢地将逆变器从车载电源的集成中剥离出来，与电机及减速器（电机控制器）集成，组成了电驱动总成，即逆变器、电机和减速器的"三合一"集成电驱模块/系统。

3 混合动力汽车电源

混合动力汽车除了有驱动电机，大部分还保留从前纯燃油汽车中的发电机，这样就有两个电机。低压电气系统由 12V 蓄电池、DC/DC 转换器和发电机共同提供电源。前边讲过，DC/DC 现在基本都集成化了，单独的其实很少。独立的 DC/DC 转换器见图 2-32。有些车的 DC/DC 转换器与电机控制器则会集成在一起。

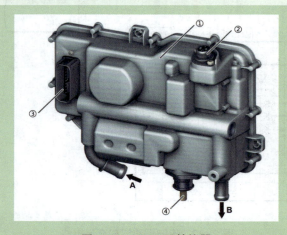

图 2-32　DC/DC 转换器

①—DC/DC 转换器；②—高电压插头连接（高压蓄电池）；
③—DC/DC 转换器控制单元 12V 插头连接；④—电源；A—冷却液进口；B—冷却液出口

2.2.2 | 直流充电

1 控制机理

直流充电，即快充。直流充电如图 2-33 所示，当充电枪连接到整车直流充电插座时，直流充电设备向 BMS 发送充电唤醒信号，BMS 开始工作并进行自检。如果自检无异常，同时 BMS 接收到充电连接确认信号以及充电信号，则 BMS 闭合快充继电器、主负继电器，开始充电。充电完成后，BMS 向充电桩发送充电停止指令，待充电桩停止充电后，BMS 切断快充继电器、主负继电器，充电结束。直流充电 1h 可充 80% 以上的电量。

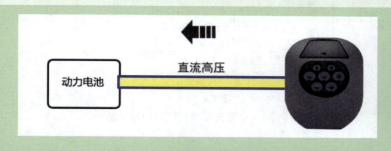

图 2-33 直流充电流传递路线图

> 💡 维修提示：
>
> BMS 预留两路温度采集通道，用于采集直流充电座温度（充电插座内置温度传感器）。当充电座温度超过 95℃时，BMS 将充电电流设为当前值的 1/2；当充电座温度超过 105℃时，BMS 发送充电停止命令，然后按充电流程断开继电器，停止充电。充电时如果采集不到充电座温度，禁止充电。

2 控制过程

车辆直流充电是通过直流充电桩进行充电，直接传输高压直流电给电池组箱充电，直流充电系统主要由充电线束、电池组箱及直流充电桩组成。

> ➦ 举例说明：
>
> 图 2-34 所示为埃安 VE 直流充电快充控制过程。
>
> （1）连接直流充电枪到直流充电插座，电池组箱通过测量 CC2 点阻值，判断直流充电插头与插座完全连接后，通过 CAN 总线传递给整车控制器，整车控制器控制车辆处于不可行驶状态。
>
> （2）操作人员对直流充电桩进行充电设置后，直流充电桩通过检测 CC1 点电压值判断直流充电插头与插座是否完全连接。
>
> （3）直流充电桩检测到直流充电插头与插座已完全连接后进行绝缘检测，绝缘检测完成后，通过 S+ 和 S− 与电池组箱进行通信。
>
> （4）通信正常且无故障，直流充电桩控制直流供电回路导通，车辆开始直流充电。
>
> （5）在充电阶段，电池组箱向直流充电桩实时发送电池充电需求参数，直流充电桩根据电池充电需求参数实时调整充电电压和充电电流。
>
> （6）整车控制器在充电过程中检测充电插头与插座插合处温度，当温度过高时，限制充电电流，严重时，停止充电以保证充电过程的安全。

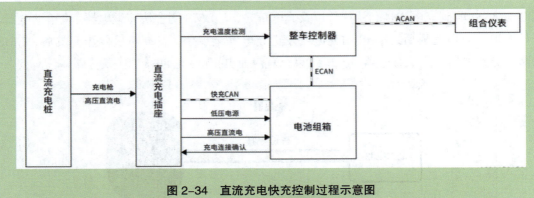

图 2-34　直流充电快充控制过程示意图

2.2.3 | 交流充电

1 控制机理

　　交流充电，即慢充。如图 2-35 所示，在交流充电中，VCU 被 OBC 唤醒，当接收到 OBC 发出的交流充电连接确认信号（CC、CP）、BMS 发出的高压互锁状态为闭合、SOC<100% 以及车辆 EPB 或 P 挡锁止时，向 BMS 发送允许充电信号，然后 BMS 同时闭合主正继电器 以及主负继电器，开始充电。充电开始后，当 IPU 接收到 VCU 的交流充电命令后，内部 DC/DC 转换器开始工作，并为蓄电池充电。充电完成后 VCU 停止 DC/DC 转换器工作， 然后向 BMS 发送断开主继电器命令，充电结束。

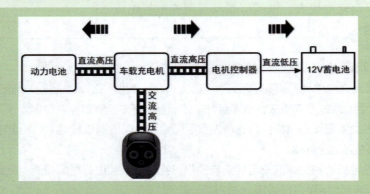

图 2-35　交流充电流传递路径

📲 举例说明：

　　如果有独立的分线盒，交流充电流传递路线如图 2-36 所示。当车辆处于交流充电模式 时，ACM 检测交流充电接口的 CC 点、CP 点信号（充电枪插入、导通信号）并唤醒 BMS， BMS 唤醒车载充电机并发送指令充电，同时闭合主继电器，动力电池开始充电。

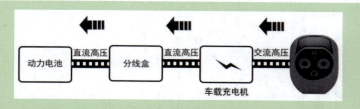

图 2-36　交流充电流传递路径（独立分线盒）

2 控制过程

交流充电将公共电网的交流电能传递给车载电源系统，车载电源系统将交流电变换为直流电，并给动力电池充电。

举例说明：

（1）交流充电枪充电控制过程。

图 2-37 所示为埃安 VE 交流充电枪充电控制过程。

1）连接交流充电枪到交流充电插座，集成电源系统通过测量 CC 点与 PE 点之间的电阻值来判断交流充电插头与插座是否完全连接。整车控制器接收到完全连接的信号后，控制电子锁闭合，锁定车辆充电插头并贯穿整个充电过程中。

2）集成电源系统检测到交流充电插头与插座已完全连接，开始自检，自检完成且没有故障，并且电池组箱处于可充电状态时，集成电源系统闭合内部开关 S2，车辆准备就绪。

3）充电枪一端连接交流电网后，内部控制装置进行自检，自检无故障后测量 CP 点电压值判断车辆是否准备就绪。检测到车辆准备就绪后，闭合内部接触器使交流供电回路导通。车辆进入充电状态。

4）充电过程中，集成电源系统周期性检测 CC 点和 CP 点信号，确认充电连接状态，并根据 CP 点占空比实时调整直流电输出功率。

5）整车控制器在充电过程中检测充电连接处温度，当温度过高时，限制充电电流，严重时，停止充电以保证充电过程的安全。

（2）交流充电桩充电控制过程。

1）连接交流充电桩到交流充电插座，集成电源系统通过测量 CC 点与 PE 点之间的电阻值来判断是否连接良好。

2）集成电源系统检测到连接良好后，开始自检，自检完成且没有故障，并且电池组箱处于可充电状态时，集成电源系统闭合内部开关 S2，车辆准备就绪。

3）充电桩刷卡充电，集成电源系统向整车控制器上报无故障，可正常充电，整车控制器下指令开始充电，电子锁闭合。

4）充电过程中，集成电源系统周期性检测 CC 点和 CP 点信号，确认充电连接状态，并根据 CP 点占空比实时调整直流电输出功率。

5）整车控制器在充电过程中检测充电连接处温度，当温度过高时，限制充电电流，严重时，停止充电以保证充电过程的安全。

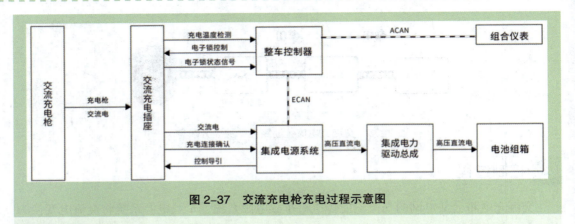

图 2-37　交流充电枪充电过程示意图

3　充电锁

　　充电锁有交流充电的电子锁止功能,可防止带电插拔充电枪,同时防止充电枪被盗（见图 2-38）。电子锁安装在充电插座上，通过控制圆柱锁杆的伸缩实现上锁及解锁功能（见图 2-39）。

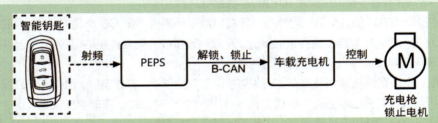

图 2-38　充电锁功能示意图

图 2-39　电子锁

　　（1）上锁。

　　插入充电枪，自动上锁。

　　（2）解锁。

　　1）整车处于 OFF 挡前提下，按遥控钥匙解锁按钮，实现解锁。

　　2）整车处于 ON、READY 挡位时，也可通过中控锁进行解锁。

　　3）当钥匙解锁失效时，如图 2-40 所示，可通过拉解锁钢丝实现解锁。

图 2-40　AC 充电盖与插头应急解锁

2.2.4 | 低压充电

　　低压充电，即内部充电。充电系统从类型上可分为外接充电系统及内部充电系统。其中，外接充电包括快充充电和慢充充电；内部充电包括低压电源充电和智能充电，以及后边要讲的制动能量回收（见图 2-41）。

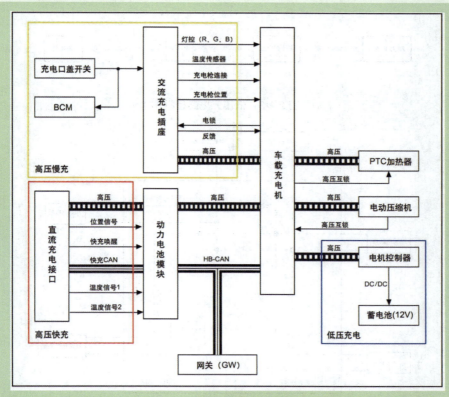

图 2-41　充电电气原理示意图

1 低压电源充电

高压上电前，低压电路系统依赖 12V 蓄电池供电；高压上电后，电机控制器内置的 DC/DC 将动力电池输出的高压直流电转换成低压直流电为 12V 铅酸蓄电池充电，并充当辅助低压电源（见图 2-42）。

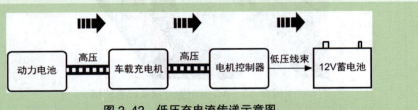

图 2-42　低压充电流传递示意图

举例说明：

图 2-43、图 2-44 所示为欧拉 EV 的低压充电原理，即通过 DC/DC 给 12V 蓄电池充电。动力电池包中的高压直流电经过高压配电盒到达 DC/DC，由 DC/DC 将高压直流电转换成 12V 左右的低压直流电给蓄电池充电。

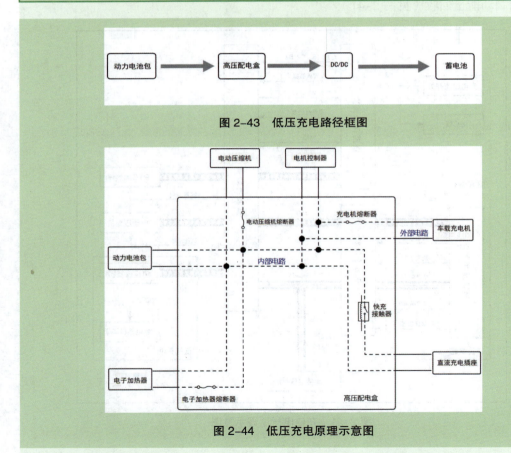

图 2-43　低压充电路径框图

图 2-44　低压充电原理示意图

2 智能充电

长期停放的车辆容易造成低压蓄电池馈电，低压蓄电池严重馈电将会导致车辆无法启动上电。为避免这一问题，增加了智能充电功能。当蓄电池电压低于设定值时，BMS 向 VCU 发送智能补电请求，此时如果 VCU 收到电源挡位为 OFF，并判断四门两盖处于关闭状态，则会向 BMS 发送闭合主继电器指令，主正、主负继电器闭合之后，DC/DC 开始为蓄电池充电（见图 2-45）。

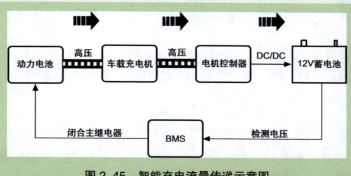

图 2-45　智能充电流量传递示意图

2.2.5 | 能量回收

1 制动回收系统原理

制动能量回收系统在纯电动车上可以把车辆减速时消耗的能量储存到动力电池再利用，增大车辆的续航里程，减小制动摩擦部件的损耗，如图 2-46 所示。

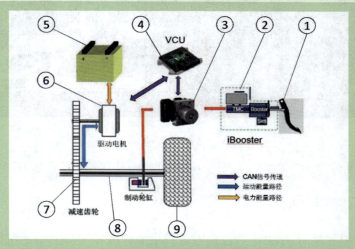

图 2-46　制动能量回收系统

①—制动踏板；②—智能助力器；③—ESC 控制模块；④—VCU 整车控制器；
⑤—动力电池；⑥—驱动电机；⑦—减速器；⑧—驱动轴；⑨—车轮

一般情况下，车辆行驶过程中需要减速时，驾驶员松开加速踏板或者踩下制动踏板，制动能量回收系统控制器识别驾驶员的减速请求，优先采用回收制动。整车控制器 VCU 把回收扭矩请求发送给驱动电机，驱动电机产生相应的扭矩，通过驱动轴传递给车轮，车轮与地面的摩擦力使车辆减速，而克服电机阻力矩做功产生的电能则回收到驱动电池。

2 能量回收方式

（1）滑行制动能量回收。

行驶中当驾驶员松开油门需要减速时，滑行能量回收系统会根据设定的能量回收挡位对车辆进行减速。

（2）制动能量回收。

行驶中踩下制动踏板，制动能量回收系统会根据当前的减速请求，分配电机制动与液压制动的比例，保证能量回收的最大化。

举例说明：

在宝马纯电动汽车 iX3 G08 能量回收运行策略中，确保首先最大限度地通过制动能量回收实现减速。如果制动能量回收不足以满足驾驶员的制动要求，则会建立液压压力，以便额外通过车辆的车轮制动器为车辆减速。制动模式见图 2-47。

在行驶挡"D"（行驶），对于在松开加速踏板时激活的制动能量回收，可以对其程度进行设置。在此过程中，车辆的行驶性能等同于一台配有自动变速器的车辆。

图 2-47　制动模式

A—制动踏板；B—加速踏板；C—挡位开关（GWS）；①—行驶挡"B"（制动）；②—行驶挡"D"（行驶）

3 能量回收路径

车辆在滑行或制动时，VCU 通过状态数据采集，推算所需的制动扭矩并发给电机控制器。此时电机从工作模式转换为发电模式向电池组充电。制动能量回收传递路线与能量消耗相反（见图 2-48）。

图 2-48　制动能量回收信号传递示意图

制动能量回收过程中电机利用车轮旋转的动能发出交流电再输出给电机控制器，电机控制器将交流电转换成直流电给动力电池充电。

▶ **举例说明：**

在宝马纯电动汽车 iX3 G08 能量回收系统中，集成式动态稳定控制系统（DSCi）借助线控制动技术，令驾驶员与制动液压系统互不干扰。这样一来，就可以在制动能量回收方面实现最高效率。图 2-49 所示的是能量回收制动时的信号流传递路径。

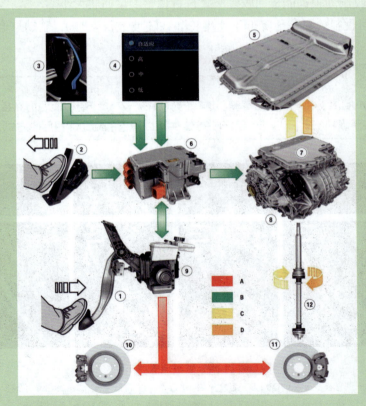

图 2-49　制动时信号流传递路径

A—液压制动；B—信号流；C—可以设置的制动能量回收（少量制动能量回收）；
D—可以设置的制动能量回收（大量制动能量回收）；①—制动踏板；②—加速踏板；
③—挡位开关（GWS）；④—CID 中的设置菜单（娱乐系统显示屏设置菜单）；⑤—高压电蓄电池（动力电池）；
⑥—联合充电单元 CCU（集成车载电源）；⑦—电机电子装置 EME（电机控制器）；⑧—电气化驱动单元；
⑨—集成动态稳定控制系统（Control System）；⑩—前部制动器；⑪–后部制动器；⑫—输出轴

4 影响能量回收制动的因素

通过能量回收制动反馈给动力电池能量的大小，取决于以下因素。

（1）动力电池当前的状态。

1）动力电池已充满电。

2）动力电池温度较高。

3）动力电池温度较低。

（2）使用的能量回收设置情况。

1）人工设置。

> **举例说明：**
>
> 例如，小鹏 EV 通过在信息娱乐系统中选择"车辆控制→常用→能量回收"菜单，并单击触屏"低"或"高"按钮，选择能量回收等级。

2）能量回收制动根据能量回收等级，自行调整能量回收大小。

如果能量回收制动显著地降低了速度（如在陡坡上行驶时），制动灯会点亮，提醒在减速。

> **举例说明：**
>
> 在宝马 BMW iX3 G08 中，由驾驶员选择的设置在一次总线端切换后仍然会保持激活状态，并且无须每次都重新执行。图 2-50 是行驶挡 D 中可以设置的制动能量回收方式。

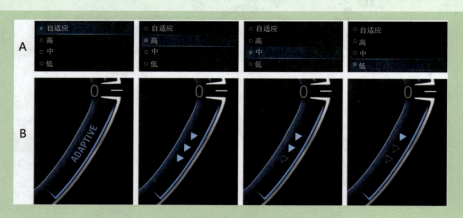

图 2-50　能量回收显示

A—中央信息显示屏（CID）；B—组合仪表（KOMBI）；自适应—0.3 ~ 1.9m/s（减速度）；
高—1.9m/s（减速度）；中—1.3m/s（减速度）；低—0.7m/s（减速度）

5 自适应能量回收利用

（1）自适应能量回收利用功能。

首先自适应能量回收利用是一种功能，这种功能在宝马 BMW G08 系列纯电动汽车中是标配。其中，滑行能量回收利用的程度（及由此产生的车辆减速）根据交通情况和路线的实际状况智能地进行调整。该功能根据驾驶辅助系统的感知传感器数据（如车道保持系统摄像头和车前雷达传感器，见图 2–51）自行确定车辆是在滑行中还是处于能量回收状态，或者在行驶情况下能量回收的等级。

扫码看视频

📝 **补充说明：**

也就是说，自适应能量回收利用旨在根据实际情况更加智能化地利用车辆的动能。为此会分析车辆前方的交通情况和路线。

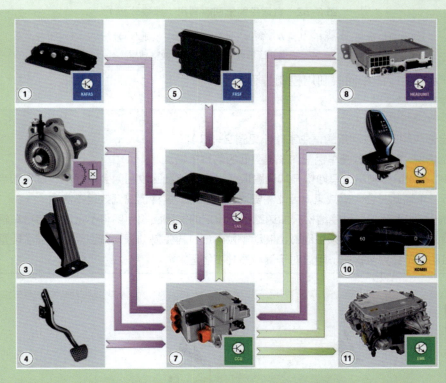

图 2–51　能量回收系统电气部件和传感器（自适应能量回收输入 / 输出曲线）

①—KAFAS High 摄像机；②—车轮转速传感器；③—加速踏板模块；④—制动踏板；
⑤—远距离前部雷达传感器 FRSF；⑥—选装配置系统 SAS；⑦—联合充电单元 CCU（集成车载电源）；
⑧—导航系统；⑨—挡位开关；⑩—组合仪表；⑪—电机控制器

为确保识别出前方车辆，需要使用前部雷达传感器 FRS。联合充电单元 CCU 在目标扭矩之间进行中央协调，这些扭矩值由不同的控制单元输出。然后，更高的扭矩要求被传输至电驱动单元。制动踏板的操作直接由集成动态稳定控制系统（DSCi）单元检测并处理。

利用这样智能感知的辅助系统，可以减少制动踏板的操作，提高驾驶的舒适性，且可以最佳地利用车辆的动能。

如果系统检测到某个无须制动的交通情况，则当驾驶员将脚从加速踏板移开后，车辆开始滑行。如果系统检测到需要制动的交通情况，则通过能量回收利用有针对性地减速到当前或要求的速度（见图2-52）。

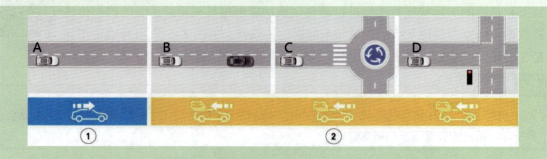

图2-52　自适应能量回收利用（路线分析）

A—自由行驶；B—检测到前方车辆；C—减速情况；D—交通信号灯情况；①—滑行；
②—根据相应情况调整滑行能量回收利用

（2）无自适应能量回收利用控制过程。

举例说明：

无自适应能量回收利用的再生策略（见图2-53）。

初始情况：驾驶员驾驶车辆驶向车速更低的前方车辆。

案例A：如果驾驶员过早地松开加速踏板，设定的能量回收利用会根据回收设置和当前车速开始运行。车辆此时会大幅减速，因此需要驾驶员加速。这种情况低效且不舒适。

案例B：如果驾驶员过晚地松开加速踏板，设定的能量回收利用将不足以将自身车辆减速到前方车辆的速度。驾驶员必须主动做出制动干预。通过再生制动根据减速情况增强了能量回收利用，而且动能不会完全丧失。但这对于驾驶员并不舒适。

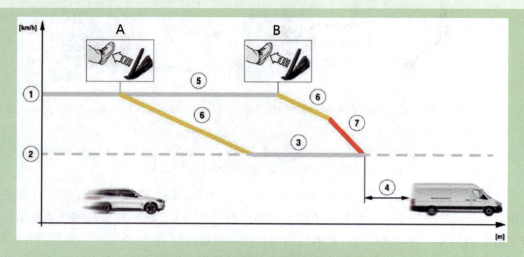

图2-53　无自适应能量回收利用的再生策略

A—案例A；B—案例B；①—自身车辆速度；②—前方车辆速度；③—更新的、可避免的牵引模式（双重能量转换）；
④—计算得出的理论车距；⑤—牵引模式；⑥—设定的能量回收利用；⑦—驾驶员进行制动操作

（3）自适应能量回收利用控制过程。

> **举例说明：**
>
> 具有自适应能量回收利用的再生策略（见图 2-54）。
>
> 相同的初始情况：驾驶员驾驶车辆驶向车速更低的前方车辆。
>
> 案例 A：如果驾驶员过早地松开加速踏板，自适应能量回收利用会将仍然充足的距离用于滑行。只有随着车距的减小，车辆才会通过能量回收利用自动减速到前方车辆的速度。此时，能量回收利用的程度根据情况进行调整。在功能控制期间，会根据车速计算出理论车距。
>
> 案例 B：如果驾驶员过晚地松开加速踏板，自适应能量回收利用会禁止滑行，并立即开始能量回收利用。与案例 A 相比，能量回收利用增加，以实现充分减速。

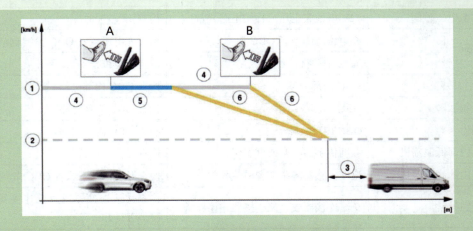

图 2-54　具有自适应能量回收利用的再生策略

A—案例 A；B—案例 B；①—自身车辆速度；②—前方车辆速度；③—计算得出的理论车距；④—牵引模式；⑤—滑行；⑥—自适应能量回收利用

2.2.6 │ 充电系统故障

充电系统故障情况见表 2-3。

表 2-3　充电系统故障情况

故障内容	可能的故障原因	故障点
系统过电压 / 欠电压	供电电压过高 / 过低	检查供电
ECAN 关闭	CAN 线路故障	检查 CAN 线路
与 VCU 中断通信	（1）VCU 故障 （2）CAN 线路故障	检查 VCU 及 CAN 线路
与 BMS 中断通信	（1）BMS 故障 （2）CAN 线路故障	检查 BMS 及 CAN 线路
与 CGW 中断通信	（1）CGW 故障 （2）CAN 线路故障	检查 CGW 及 CAN 线路

续表

故障内容	可能的故障原因	故障点
由于输入电压过高 OBC 关闭	外部电网过电压或检测电路异常	检查电网及检测电路
由于输入电压过低 OBC 关闭	外部电网欠电压或检测电路异常	检查电网及检测电路
由于输出电压过高 OBC 关闭	外部负载过电压或检测电路异常	检查负载及检测电路
直流输出电流过高	充电机电路故障	检查 OBC 输出端电路
12V 常电电压过高	12V 电池过电压或检测电路异常	检查 12V 电池
12V 常电电压过低	12V 电池欠电压或检测电路异常	检查 12V 电池
CC 异常	充电枪故障或者 OBC 检测电路异常	检查充电枪或者 OBC 检测电路
	充电桩故障	检查充电桩
LLC 上报故障	OBC 内部故障	检查 OBC 内部电路
PFC 上报故障	OBC 内部故障	检查 OBC 内部电路
AC 过流	OBC 内部故障	检查 OBC 内部电路
充电机内部低温停机	温度传感器异常或低温保护	检查温度传感器
充电机内部高温停机	温度传感器异常或者散热异常	检查温度传感器或者 OBC 散热
高压互锁异常	交流连接器或直流连接器连接异常	检查交流连接器或直流连接器的连接是否良好

2.2.7 充电系统故障检测

1 充电系统架构

交流充电口由交流充电高压线束连接到 OBC（充电机），OBC 由正负直流充电高压线束连接到动力电池，充电时，OBC 将交流充电桩输出的 220V 交流电转换成直流电给动力电池充电。

> **举例说明：**
>
> 图 2-55 所示车型支持交流充电（含预约充电）、交流放电与直流充电。该车交流放电口与交流充电口共用，将电池高压直流电通过 OBC 转换为 220V 交流电，通过放电枪输出。直流充电口由直流充电高压线束连接到动力电池，充电时，BMS 与直流充电桩进行交互，直流充电桩输出直流电给动力电池充电。

高压部件说明见表 2-4。

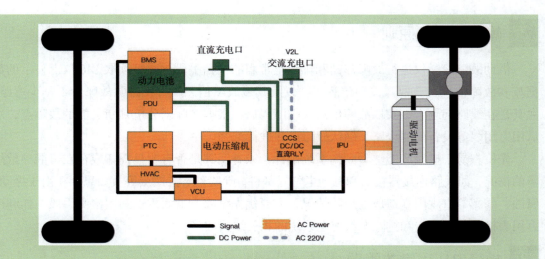

图 2-55　两驱高压电（和充电）系统

表 2-4　高压部件说明

部　件	代　号	主要功能 / 说明
整车控制器	VCU	控制纯电系统状态，包括高压下电、高压上电、交流充电、直流充电等
动力电池	EV Battery	（1）为电动系统提供能量。 （2）动力电池包内具有继电器组，可以切断动力电池对外连接
动力电池管理系统	BMS	（1）动力电池安全监控，包括过电流、过电压、过温 （2）动力电池 SOC 估计、SOH 估计、SOP 估计 （3）继电器组控制 （4）交流充电和直流充电控制
车载充电机	OBC	（1）识别交流放电枪，接收交流充电口（AC Charge）的单相交流电流，转换为与电池电琊匹配的直流高压电流为电池充电 （2）识别交流放电枪，有些高配车型能将电池高压直流电转换为家用 220V 交流电
直流变换器	DC/DC	（1）将输入端的高压直流电转换为低压直流电，为蓄电池充电，为低压负载供电 （2）动力电池高压直流电经过高压分线盒进入 DC/DC 转换器转换模块的变压器，通过内部门极驱动开关电路，将高压直流电转成脉冲波，通过 PWM 控制器调节脉冲波（方波）的占空比，由此来调节变压器的输出电源，然后经过整流电路输出低压直流电，向低压蓄电池和低压用电设备提供电源。将输出的电压和参考电压进行比较，如果实际输出的电压与参考电压相比误差较大，则 DC/DC 变换器控制器驱动门极开关调节占空比，进而调节输出的电压
电动压缩机	Compressor	制冷动力
电加热装置	PTC	电加热装置，用于低温下乘员舱制热
空调系统	HVAC	控制电动压缩机和 PTC 工作

2　检测和诊断原则

借助故障诊断仪进行故障诊断和排除是常用的一种手段，通过读取诊断仪上显示的数据流和故障信息，获取开关和传感器，以及其他故障信息，可使排除故障少走不少弯路。尤其是在线路问题上，获取故障信息或故障码后，根据实际来分析判断可能的故障点，然后用万用表等设备检测线路，确认故障点并进行维修。

先检查易于接触或能够看到的系统部件，以查明其是否有明显损坏或存在可能导致故障的情况，如线路连接器接头和其他电气零部件、保险丝、搭铁点等。如果存在由于振动、腐蚀、暴露等直观因素造成的故障情况，需要优先排除。下面重点利用检测手段（如利用万用表检测）来确定和排除车载充电系统的相关线路故障。

3　检查电压异常故障

如果故障诊断显示系统过电压或者欠电压、12V 常电电压过高或者过低，这时电压已经超过 16V 且为永久性故障，应重点检查供电电压和 12V 电池过电压或检测电路情况。在排除 12V 蓄电池和保险丝的情况下，需要对充电系统进行进一步检查。

> **✍ 补充说明：**
>
> 检测 DC/DC 转换器故障时，由于 DC/DC 集成在车载电源（充电器）中，所以可用检查电压异常故障的方法进行类似故障检测。DC/DC 转换器故障检测包括 DC/DC 与 BMS、VUC、网关等之间的检测。在集成电源中，如果 DC/DC 唤醒输入信号是 BD11/1 端子，在检测 DC/DC 转换器线束电源电路时，检测的就是 BD11/1 端子与大地之间的电压。

如果检测电源和接地线路没有问题，那么这种过电压或者欠电压、12V 常电电压过高或者过低的问题基本出在充电机本身，由于电源是总成的，只能通过更换该总成来解决。更换后需要进行计算机配置学习。

4　检查充电机的 CAN 通信

可能的故障点如下。

（1）车载充电机故障。

（2）CAN 总线故障。

如果故障诊断仪检测显示 ECAN 关闭，故障点基本比较明确，范围可缩小到 CAN 总线来确定是零部件故障还是 CAN 故障。

> **💡 维修提示：**
>
> 如果检测没有问题，则应继续检查充电机的供电接地导线是否正常。如果供电接地也没有问题，则更换充电机来消除"ECAN 关闭"故障。

5　车载充电机与 VCU 中断通信故障

可能的故障点如下。

（1）整车控制器（VCU）故障。

（2）CAN 总线故障。

维修提示：

如果上述检测没有问题，则应继续检查整车控制器的供电接地导线是否正常，如果供电接地也没有问题，则通过更换整车控制器来解决。

6　车载充电机与 BMS 中断通信故障

可能的故障点如下。

（1）电源管理系统控制器（BMS）故障。

（2）CAN 总线故障。

维修提示：

当车载充电机接上交流电后，并不是立刻将电能输出给电池，而是通过 BMS 电池管理系统首先对电池的状态进行采集分析和判断，进而调整充电机的充电参数。车载充电机的主要参数有输入电压范围、输出电压范围、充电功率和变换效率。

7　车载充电机与网关中断通信故障

可能的故障点如下。

（1）中央网关模块故障。

（2）CAN 总线故障。

维修提示：

如果上述检测没有问题，则应继续检查中央网关控制器的供电接地导线是否正常，如果供电接地导线也没有问题，则通过更换中央网关控制器来解决。更换中央网关控制器并对其进行配置写入和标定操作。

8　CC 点、CP 点异常故障

（1）可能的故障点。

1）充电枪故障或者 OBC 检测电路异常。

2）充电桩故障。

（2）检查交流充电口。

检查交流充电口是否有异物，充电枪连接是否正确。

9 高压互锁故障

充电过程中，上电时整车处在高压状态，如果出现高压互锁故障，BMS停止向充电桩请求输出，同时切断整车高压回路，进行下电处理。

（1）可能的故障点。

1）充电回路互锁断开，交流连接器或直流连接器连接异常。

2）充电桩故障。

3）充电机故障。

（2）检查要点。

1）检查交流连接器或直流连接器连接是否良好。

2）检查交流充电枪或直流充电枪连接是否正常。

3）检查充电机高压互锁线路是否短路或断路。

10 无法启动充电故障

（1）可能的故障原因。

1）停电或已充满电。

2）充电线缆连接不良。

3）处于预约充电模式。

（2）检查要点。

1）检查电网是否有电，确认充电电缆连接牢固后，重新充电。

2）若为预约充电模式可设置为立即充电模式。

11　充电中途停止故障

（1）可能的故障原因。

1）充电线缆松脱。

2）互锁引脚断路。

3）电网故障。

（2）检查要点。

1）车辆下电后，安装好线束，重新充电。

2）确认插接件是否插接牢固，重新接好插接件。

2.3　充电系统维修与操作

2.3.1　冷却管路拆装

　　虽然各种车载电源的形态有所不一，但都需要冷却，结构上都有冷却管路，有些线路和管路交叉要规范操作。图 2-56 和图 2-57 所示为马自达纯电动汽车 CX-30 的拆卸水管和高压线束连接器（插头）。拆水管时，在水管下方铺上毛巾，准备接收流出来的冷却液。断开冷却水管，用毛巾接收好流出的冷却液，防止打湿其他部件。当冷却液不再流出时，拿开毛巾将冷却水管插入出水侧，防止异物进入。

> ⚲ 维修提示：
>
> 　　断开高压线束连接器后，戴上绝缘手套，并用电工胶带包裹端子以使其绝缘。

2.3.2　拆卸直流充电线束

（1）打开右充电口盖。

（2）关闭所有用电器，车辆下电。

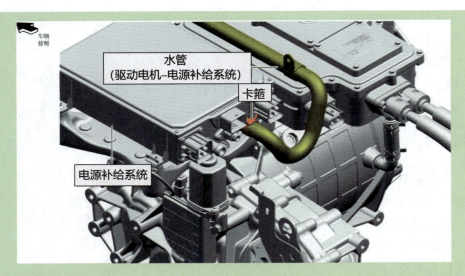

图 2-56　拆卸水管

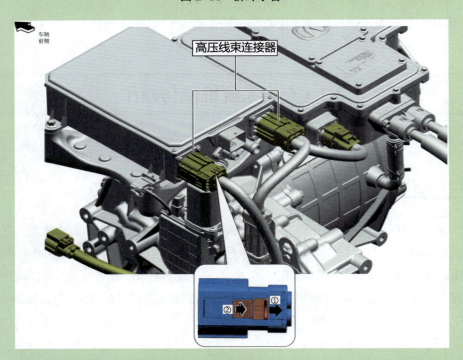

图 2-57　高压线束连接器（插头）

①—拉出长舌；②—按压锁上开关

（3）断开蓄电池负极极夹。

（4）拆卸手动维修开关。

（5）拆卸行李箱盖板总成。

（6）拆卸行李箱内门槛饰板总成。

（7）拆卸行李箱右饰件总成。

（8）拆卸直流充电线束。如图 2-58 所示，旋出充电线束塑料支架固定螺母 A；断开集成式车载电源连插接头 B；脱开固定卡扣，拆下充电线束塑料支架。拆下直流充电线束及插座（见图 2-59）。

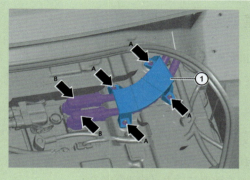

图 2-58　塑料支架

①—盖板总成；A—螺母；B—插头

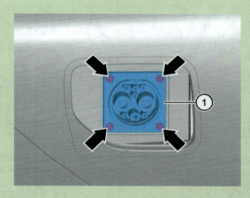

图 2-59　直流充电线束

①—直流充电线束及插座

2.3.3 拆卸车载电源高压线束过程

1 拆卸外围零部件

（1）关闭所有用电器，车辆下电。

（2）断开蓄电池负极极夹。

（3）拆卸手动维修开关。

（4）拆卸后排座椅左侧侧翼总成。

（5）拆卸后排座椅左侧靠背总成。

（6）拆卸行李箱盖板总成。

（7）拆卸行李箱内门槛饰板总成。

（8）拆卸行李箱地毯总成。

（9）拆卸行李箱左饰件总成。

（10）拆卸左后内门槛饰板总成。

2 拆卸车载电源高压线束

断开相关插接件。如断开车载电源高压线束与集成式车载电源连插接头。断开车载电源高压线束与动力电池连插接头。与动力电池连接的高压线插接器物理形态上虽有所不同，但都是互锁插头。

举例说明：

图 2-60 所示为马自达 CX-30EV 高压线插头（连接器），戴上绝缘手套，断开高压电线束总成（动力蓄电池充电）连接器与动力蓄电池的连接。

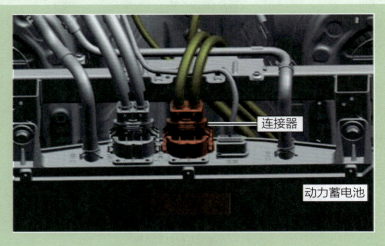

图 2-60　高压线插头（连接器）

2.3.4 拆卸车载充电机

1 拆卸事项

举例说明：

图 2-61 所示为欧拉电动汽车车载充电机，该车车载充电机集成了充电机、DC/DC、高压配电盒，其中下层是车载充电机和 DC/DC 部分，上层是高压配电盒部分。

（1）拆卸外围零部件。

1）关闭点火开关。

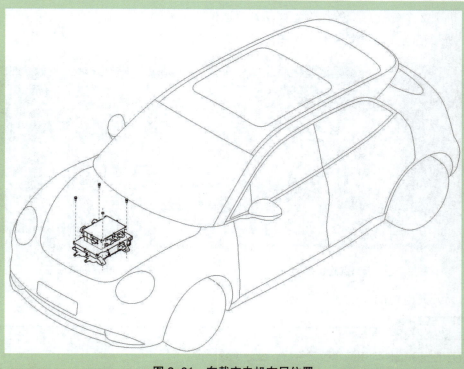

图 2-61　车载充电机布局位置

2）断开电池安全开关。

3）断开蓄电池负极。

4）断开蓄电池正极。

5）回收冷却液。

6）拆卸蓄电池。

（2）拆卸车载充电机。

1）断开 2 个水管（见图 2-62）。

2）断开 1 个线束插接件（见图 2-63）。

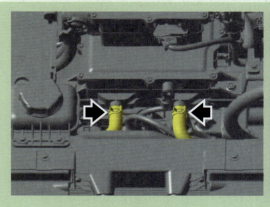

图 2-62　断开水管

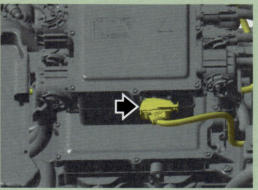

图 2-63　断开线束插接件

第1章　第2章　第3章　第4章　第5章　第6章　第7章

3）拆下 2 个螺栓，机舱保险盒移动到合适位置（见图 2-64）。

4）断开充电机的线束卡子（见图 2-65）。

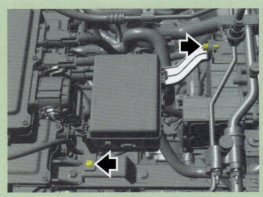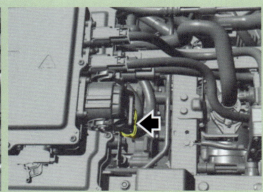

图 2-64　拆卸保险盒螺栓　　　　　　图 2-65　断开线束卡子

5）断开充电机的 6 个插件（见图 2-66）。

💡 维修提示：

断开的线束插件均用绝缘胶带缠好，做好绝缘防护。

6）断开 DC/DC 正极线束（见图 2-67）。

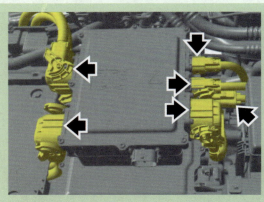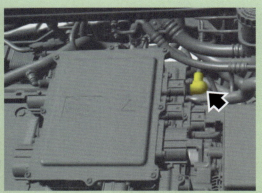

图 2-66　断开插件　　　　　　图 2-67　断开 DC/DC 正极线束

7）拆下螺栓，断开等电位线（见图 2-68）。

8）拆下充电机螺栓和螺母（见图 2-69）。

9）拆下车载充电机。

2　安装事项

（1）安装基本按照拆卸的倒序进行。维修过程中不要损坏零部件上的警告标识。

（2）安装插接件前，应检查插件端子是否完好。

（3）安装完成后，应加注适量冷却液，并检查是否漏液。

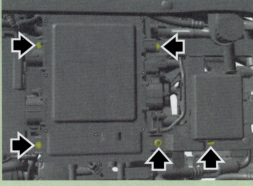

图 2-68　拆下螺栓　　　　　　图 2-69　拆下螺栓和螺母

第1章

第2章

第3章

第4章

第5章

第6章

第7章

第3章 配电系统维修

3.1 配电系统认知

3.1.1 高压配电系统组成

电动汽车高压配电系统由动力电池为电机控制器、驱动电机、电动压缩机、PTC加热器等高压部件提供能量。此外，动力电池还包含直流快充充电系统和交流慢充充电系统。这些所有的高压部件都由高压配电系统连接输送电能（见图3-1）。

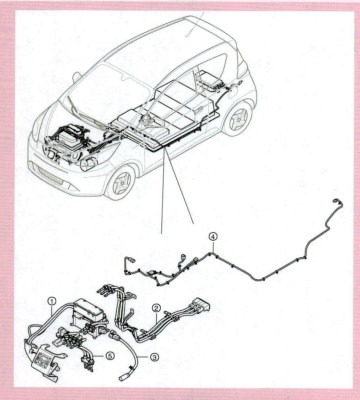

图3-1 高压分配系统的高压线束

①—高压配电单元；②—高压配电单元线束；③—电空调压缩机线束；④—高压加热器线束；⑤—驱动电机线束

3.1.2 | 高压配电盒

1　高压配电盒结构

　　高压配电盒又称为高压接线盒、高压配电单元，也叫电源分配单元（PDU），是高压系统分配单元，电流从这里的高压线端分配并传输给各个高压用电器部件，以提供电源和信号，如图 3-2~ 图 3-4 所示。

　　现在电动汽车高压系统越来越高度集成化，独立的高压配电盒已经很少。集成"三合一"的车载电源就包括配电盒，即车载充电机、DC/DC 转换器、高压配电盒（见图 3-3 和图 3-4）。

图 3-2　高压配电盒 / 单独

图 3-3　高压配电盒 / 集成

第 1 章
第 2 章
第 3 章
第 4 章
第 5 章
第 6 章
第 7 章

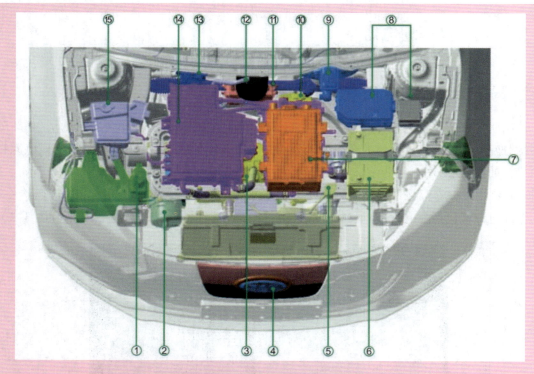

图 3-4　高压配电盒布局（江淮 iEV7S）

①—洗涤液加注口；②—空调压缩机；③—驱动总成（驱动电机＋减速器）；④—集成式充电口；
⑤—电驱动冷却液加注口；⑥—12V 蓄电池；⑦—高压配电盒；⑧—继电器盒；⑨—制动液加注口；⑩—车载充电机；
⑪—电池加热器；⑫—真空罐；⑬—电池冷却器；⑭—电机控制器；⑮—电池冷却液加注口

2　集成式高压配电盒

（1）集成式高压配电盒结构功能。

集成式高压配电盒典型的有比亚迪的"四合一"，主要实现以下功能：

1）控制高压交/直流电双向逆变，驱动电机运转，实现充、放电功能（VTOG、车载充电机）。

2）实现将高压直流电转化为低压直流电为整车低压电器系统供电（DC/DC）。

3）实现整车高压回路配电功能以及高压漏电检测功能（高压配电模块、漏电传感器）。

4）实现 CAN 通信、故障处理记录、自检等功能。

举例说明：

比亚迪秦 2018 款 EV300，其高压配电盒集成在高压电控总成内，又称"四合一"，实现了上述全部功能，集成双向交流逆变式电机控制器模块、车载充电器模块、DC/DC 转换器模块和高压配电模块。另外，内部还装有漏电传感器，见图 3-5 ~ 图 3-7。

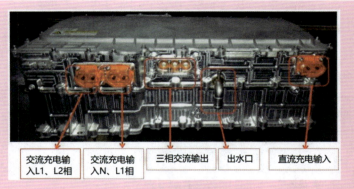

| 交流充电输
入L1、L2相 | 交流充电输
入N、L1相 | 三相交流输出 | 出水口 | 直流充电输入 |

图 3-5　高压电控总成／前部

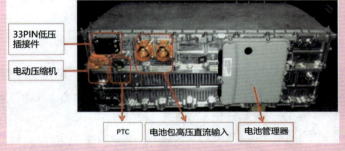

33PIN低压
插接件

电动压缩机

| PTC | 电池包高压直流输入 | 电池管理器 |

图 3-6　高压电控总成／后部

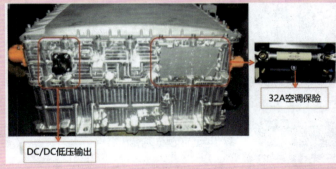

32A空调保险

DC/DC低压输出

图 3-7　高压电控总成／左侧

32A 空调保险—给电动压缩机和 PTC 水加热器供电；

DC/DC 低压输出—与低压电池并联给整车低压系统提供 13.8V 电源

📝 补充说明：

（1）DC/DC 转换器替代了传统燃油车挂接在发动机上的 12V 发电机，和启动电池并联给各用电器提供低压电源。DC/DC 在直流高压输入端接触器吸合后便开始工作，输出电压标称 13.8V。DC/DC 在上 OK 电、充电（包括交流充电、直流充）、智能充电时都会工作，以辅助低压蓄电池为整车提供低压电源（见图 3-8）。

（2）DC/DC 的外部高压输入也是高压电控总成直流母线输入。

（3）DC/DC 的输出正极通过正极保险盒直接与低压蓄电池正极相连，而 DC/DC 的输出负极则是通过高压电控总成壳体搭铁。

第1章
第2章
第3章
第4章
第5章
第6章
第7章

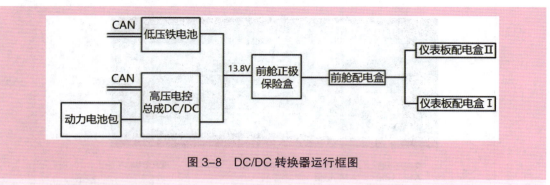

图 3-8　DC/DC 转换器运行框图

（2）高压配电盒组件。

"四合一"的高压电控总成内的高压配电盒由铜排连接片，接触器，霍尔电流传感器，预充电阻，动力电池包正、负极输入接触器，吸合、断开电池管理器组成，如图 3-9 ~ 图 3-11 所示。

图 3-9　高压电控总成（内部结构、上层）

高压配电盒将电池包的高压直流电分配给整车高压电器使用，包括双向交流逆变式电机控制器（VTOG）、DC/DC、PTC 水加热器、电动压缩机、漏电传感器等；同时，也将 VTOG 和车载充电器的高压直流电分配给电池包。

接触器包括放电主接触器、交流充电接触器、直流充电正极接触器、直流充电负极接触器、预充接触器。

双向交流逆变式电机控制器（VTOG）主要包含控制板、驱动板、采样板、泄放电阻、预充电阻、电流霍尔、接触器等元器件。

（3）控制器。

控制器为电压型逆变器，其主板如图 3-12 所示，其主要功能如下。

驱动控制功能：

1）采集油门、制动、挡位、旋变信号等控制电机正向、反向驱动。

2）具有高压输出电压和电流控制限制功能。

3）具有电压跌落、过电流、过温、IPM 过温、IGBT 过温保护、功率限制、扭矩控制限制等功能。

4）具有电控系统防盗、能量回馈控制、主动泄放、被动泄放控制等功能。

图 3-10　高压电控总成（内部结构、下层）

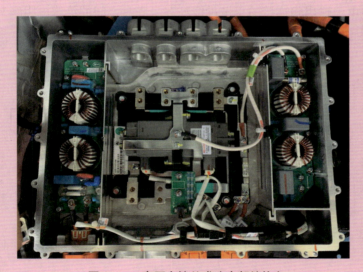

图 3-11　高压电控总成（内部结构）

📝 **补充说明：**

IPM（Intelligent Power Module）是指智能功率模块，把功率开关器件（IGBT）和驱动电路集成在一起，而且包括过电压、过电流和过温等故障检测电路，可将检测信号送到 CPU。

充、放电控制功能：

1）实现交、直流转换，进行双向充、放电控制。

2）自动识别单相、三相相序并根据充电电流控制充电方式，根据充电设备识别充电功率，控制充电方式。

3）断电重启功能。即在电网断电又供电时，可继续充电。

4）另外，车辆具有对电网放电功能、对用电设备供电功能及对车辆充电功能，即VTOG、VTOL和VTOV。

图3-12 双向交流逆变式电机控制器（VTOG）主板

（4）漏电传感器。

高压电控总成内部装配有漏电传感器（见图3-13）。它本身也是一个动力网CAN模块，通过监测与动力电池输出相连接的正极母线与车身底盘之间的绝缘电阻来判定高压系统是否漏电，漏电传感器将绝缘阻值信息通过CAN信号发送给电池管理器，采取相应的保护措施。

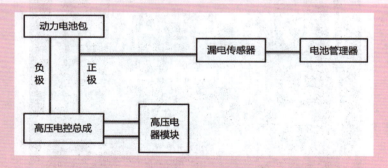

图3-13 漏电传感器系统框图

📝 补充说明：

漏电传感器如果检测到绝缘阻值小于设定值，它通过CAN线和硬线同时将漏电信号发给BMS，BMS进行漏电相关报警和保护控制。漏电的硬线信号是一种拉低信号，即当漏电传感器检测到漏电时，BMS的漏电信号端子是低电平，由漏电传感器拉低。另外，漏电传感器的工作电源也是双路电，因为无论是上电还是充电过程，都需要监测高压系统的绝缘情况。

3　高压配电系统传输

如图 3-14 所示，高压配电单元（PDU）主要将经由 PDU 的高压电池的电能传输到电加热器、电空调压缩机、DC/DC 以及 PEB 上，实现电能的传输。同时，快速充电口通过 PDU 给高压电池快速充电。

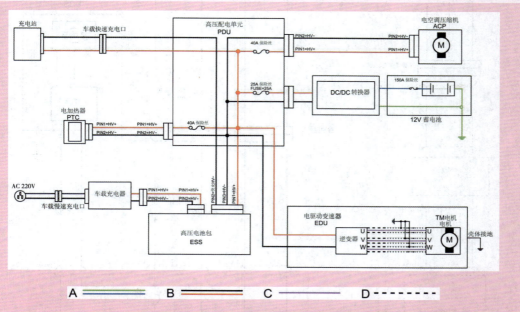

图 3-14　高压配电系统电路结构 / 高压配电控制

A—低压电；B—高压直流电；C—高压交流电；D—屏蔽线

举例说明：

图 3-15 是上汽荣威 ERX5EV 的高压配电单元 (PDU) 电路分配结构，主要将经由 PDU 的高压电池的电能传输到各高压零部件。具体电路传输如下。

（1）主高压线束。

主高压线束连接在高压电池和 PDU 之间，主要是将高压电池的直流电传输到 PDU 上以及通过快速充电口给高压电池充电。

（2）压缩机高压线束。

压缩机高压线束连接在 PDU 和电空调压缩机之间，主要是将高压电池的电能通过 PDU 上的高压直流电传输到电空调压缩机，以实现驱动。

（3）PTC 高压线束。

PTC 高压线束的主要作用是连接 PDU 和电加热器，将高压电池的电能通过 PDU 的高压直流电传输给电加热器。

（4）PEB 高压线束。

PEB 高压线束连接在 PEB 和 PDU 之间，主要功能是将高压的电能电池通过 PDU 的高压直流电传输给 PEB。

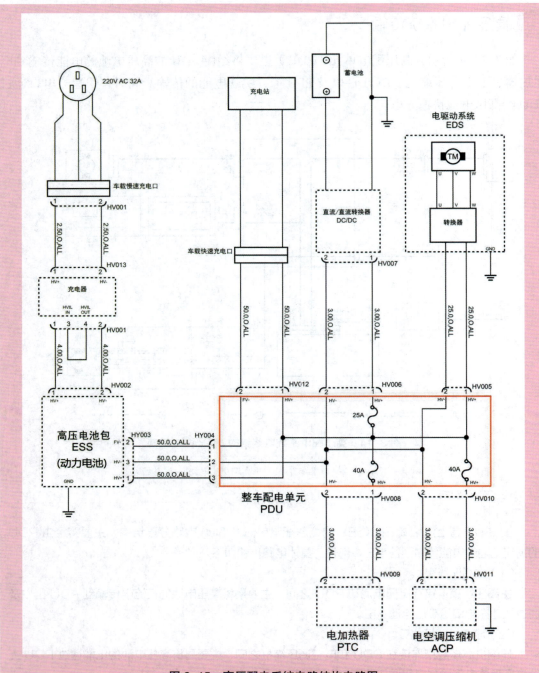

图 3-15　高压配电系统电路结构电路图

4　低压网络

低压网络采用了 CAN 系统，其中多个控制模块使用两个通用通信线路收发信号（见图 3-16）。鉴于通信速度和成本等因素，为控制模块间的各个通信，主要采用了本地 CAN 和 LIN 通信。

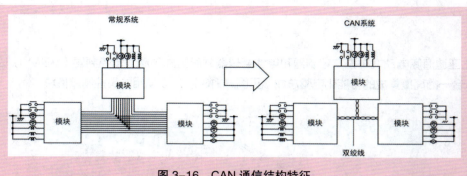

图 3-16　CAN 通信结构特征

　　图 3-17 所示为 CAN 通信的电气设备（控制单元），电气设备装载数量、位置等视车型配置而不同。

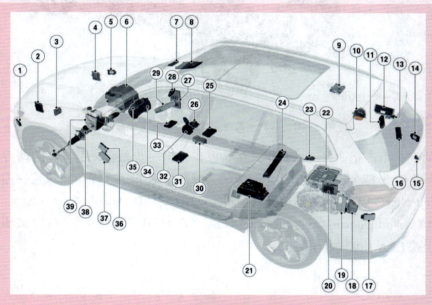

图 3-17　CAN 通信 / 架构（控制单元）

①—左前近距离侧面雷达传感器；②—左侧前部车灯电子装置；③—远距离前部雷达传感器；
④—右侧前部车灯电子装置；⑤—右前近距离侧面雷达传感器；⑥—联合充电单元；
⑦—基于摄像机的驾驶员辅助系统；⑧—车顶功能中心；⑨—远程通信系统盒；
⑩—高压电充电接口，含集成电子装置充电接口；⑪—挂车模块；⑫—垂直动态管理平台；
⑬—驻车操作辅助系统；⑭—右侧近距离车尾雷达传感器；⑮—倒车摄像机；
⑯—行李箱盖功能模块；⑰—左侧近距离车尾雷达传感器；⑱—接收器音频模块；
⑲—顶部后方侧视摄像机；⑳—放大器；㉑—蓄能器管理电子装置；㉒—电机电子装置；
㉓—远程操作服务；㉔—单体电池监控电子装置；㉕—前乘客座椅模块；㉖—控制器；
㉗—车身域控制器；㉘—自动恒温空调；㉙—Headunit HU-H3；㉚—碰撞和安全模块；
㉛—驾驶员座椅模块；㉜—挡位开关；㉝—带有近距离通信电子控制装置的无线充电盒；
㉞—组合仪表；㉟—驾驶员摄像机系统；㊱—车辆共享模块；㊲—选装配置系统；
㊳—电子助力转向系统；㊴—集成动态稳定控制系统

✍ 补充说明：

　　比亚迪海豚电动汽车整车控制器和电池管理器共同组成了动力域控制器（VBM）。因为这款是八合一的高度集成的智能化电驱总成（见图3-18），所以使用的是控制域模块。

八合一集成式电驱总成

图3-18　八合一高度集成的智能化电驱总成

　　也有的汽车生产企业在五域集中式架构基础上进一步融合，把原本的动力域、底盘域和车身域融合为整车控制域，从而形成了三域集中式EEA，即车控域控制器（Vehicle Domain Controller，VDC）、智能驾驶域控制器（ADAS/AD Domain Controller）、智能座舱域控制器（Cockpit Domain Controller，CDC）。大众MEB平台以及华为CC架构都属于这种三域集中式EEA（电气电子架构）。

3.2　配电系统控制和诊断

3.2.1 │ 回路保护

　　高压配电盒的作用类似于低压供电系统中的保险丝盒，高压接线盒功能包括高压电能的分配和高压回路的过载及短路保护。高压配电盒内对电动压缩机回路、DC/DC控制单元回路、HVH加热器回路和PTC加热器回路各设有一个熔断器（见图3-19）。当这些回路电流超过120A时，熔断器会在15s内熔断；当回路电流超过150A时，熔断器会在1s内熔断，保护相关回路。

图 3-19　熔断器

3.2.2 | 电力分配

高压配电控制见图 3-20。

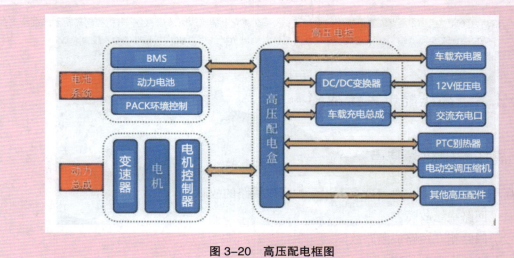

图 3-20　高压配电框图

1 高压直流电

从动力电池到电机控制器、PTC 加热器、车载充电机总成和电空调压缩机的线路采用高压直流电。

111

第1章

第2章

第3章

第4章

第5章

第6章

第7章

2 高压交流电

从电机控制器到驱动电机的线路采用高压交流电。

举例说明：

图 3-21 所示为 2018 款长安 CS15 EV 配电系统，其中黄色的为高压线。

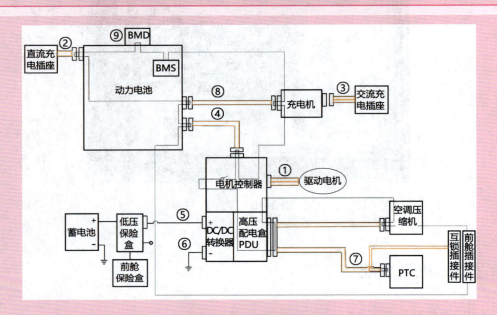

图 3-21　配电系统

①—三相动力线束总成；②—直流充电插座线束总成；③—交流充电插座线束总成；④—电机控制器输入线束总成；
⑤—直流变换器输出线束总成；⑥—直流变换器输出负极线束总成；⑦—PTC 输入线束总成

3.2.3 | 高压配电系统故障

1 高压配电故障特点

高压配电的故障主要表现在下述三种高压回路的故障。

（1）回路绝缘故障。

（2）回路相互短路或断路故障。

（3）高压配电盒故障。

2 高压配电故障检测前的检查和准备

（1）直观检查。

前边我们讲过：诊断检测原则是首先从易于接触或能够看到的系统部件进行直观

检查。

1）检查可能影响高压配电系统维修改装时加装的电气设备。

2）检查易于接触或能够看到的系统部件，或者易于直观判断的部件（如熔丝），以查明其是否有明显损坏或存在可能导致故障的情况。

3）检查高压配电盒内部是否有水或者灰尘等异物。

4）检查高压配电盒高压线束插接器是否松动，内部是否有锈蚀的迹象。

（2）针对性排除。

熟悉各高压电气设备的插接器（连接器），维修电路时通常进行插接器端子之间的测量以判断和确定故障点。应该重点利用检测手段（如利用兆欧表检测）来确定和排除配电系统的相关回路故障。某款车型高压线束及插接器如图 3-22 所示，某款车型高压配电系统电路如图 3-23 所示。

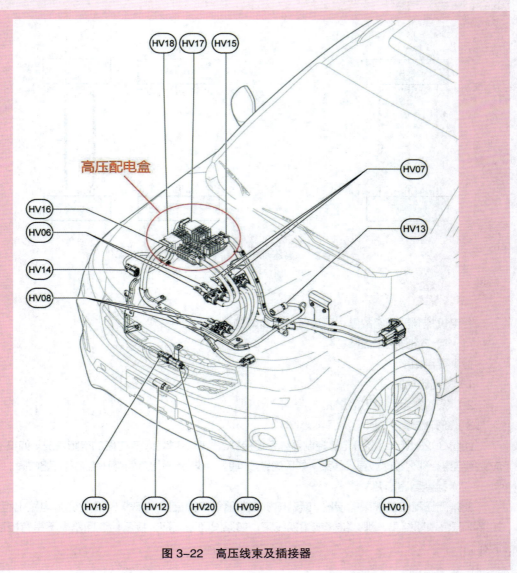

图 3-22　高压线束及插接器

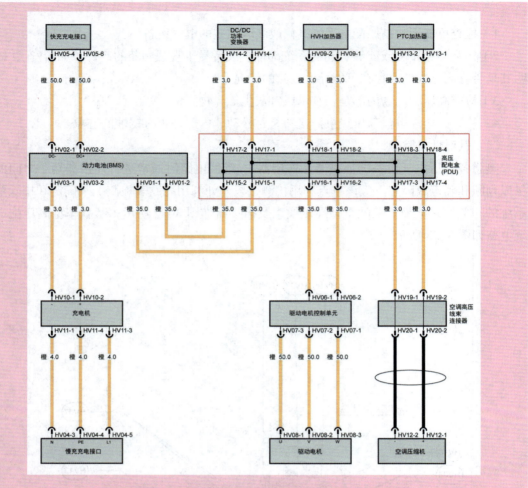

图 3-23　高压配电盒（高压配电系统电路）

📢 举例说明：

若电机控制器回路故障，可进行以下步骤的操作。

（1）检查回路绝缘故障。

检测要点如下。

1）关闭启动开关。

2）断开蓄电池负极接线柱。

3）断开维修开关。

如图 3-23 所示，断开电机控制器线束插接器。按表 3-1 检测其电路的电阻情况。如果不符合应测得结果，那么维修或更换线束。如果绝缘没问题，那么接着检查回路开路或者开路故障。

（2）检查回路断路故障。

断开高压配电盒线束插接器；断开电机控制器线束插接器。按表 3-2 检测其电路电阻情况。如果不符合预期结果，那么维修或更换线束。如果没问题，那么接着检查回路是不是有相互短路情况。

（3）检查回路相互短路故障。

断开高压电器盒线束插接器；断开高压电器盒其他所有高压线束插接器。按表 3-3 检测其电路电阻情况。如果不符合应测得结果，那么维修或更换线束。如果线路没问题，那么可确定在高压配电盒本身存在故障。

（4）更换高压配电盒。

上述检查逐一排除了回路绝缘、回路相互短路和断路故障，那么问题就出在高压配电盒本身。更换高压配电盒，电机控制器回路故障排除。

表 3-1　检测电机控制器回路绝缘故障

检查的零部件		兆欧表/表笔探测的两端子		检测条件	状　态	应测得结果
连接器	代号	黑表笔连接	红表笔连接			
电机控制器线束插接器	HV06	HV06/1	高压配电盒壳体	下电	电阻	≥ 20MΩ
高压电器盒	—	HV06/2	高压配电盒壳体	下电	电阻	≥ 20MΩ

表 3-2　检测电机控制器回路断路故障

检查的零部件		万用表/表笔探测的两端子		检测条件	状　态	应测得结果
连接器	代号	黑/红表笔连接	红/黑表笔连接			
高压电器盒线束插接器	HV16	HV16/1	HV06/1	下电	电阻	< 1Ω 左右
电机控制器线束插接器	HV06	HV16/2	HV06/2	下电	电阻	< 1Ω 左右

表 3-3　检测电机控制器回路短路故障

检查的零部件		兆欧表/表笔探测的两端子		检测条件	状　态	应测得结果
连接器	代号	红表笔连接	黑表笔连接			
电机控制器线束插接器	HV06	HV06/2	HV06/1	下电	电阻	≥ 20MΩ

3　高压配电系统故障排除

高压配电系统故障情况见表 3-4。

表 3-4　高压配电系统故障情况

故障症状	可能的原因	措施/排除
DC/DC 不工作	高压输入断电	检查高压输入是否正常
	使能信号为高电位	检查相关控制端子针脚是否正常
	输出短路	检查输出连接是否正常

续表

故障症状	可能的原因	措施／排除
配电盒保险烧坏	高压输入短路或输入正负极接反	检测高压输入是否正常
DC故障反馈	输入过／欠电压，输出过／欠电压，整机过温	检查输出是否过电流或过电压，关闭DC/DC总成，静置5min后启动，如果仍然报故障，检查线路
电子加热器无法工作	保险丝熔断	（1）断开动力电池包侧高压插接件和电子加热器高压插接件 （2）用万用表进行导通测试 （3）如果导通，则继续测量电阻值，如果电阻值在毫欧级别则证明保险无问题 （4）如果不导通或测试电阻较大，则可认为保险已熔断
电动压缩机无法工作	保险丝熔断	（1）断开动力电池包侧高压插接件和电动压缩机高压插接件 （2）用万用表进行导通测试 （3）如果导通，则继续测量电阻值，如果电阻值在毫欧级别，则证明保险无问题 （4）如果不导通或测试电阻较大，则可认为保险已熔断
无法进行慢充充电	保险丝熔断	（1）断开动力电池包侧高压插接件和车载充电机侧高压插接件 （2）用万用表进行导通测试 （3）如果导通，则继续测量电阻值，如果电阻值在毫欧级别，则证明保险无问题 （4）如果不导通或测试电阻较大，则可认为保险已熔断
无法进行快充充电	接触器工作状态异常	（1）用万用表测量正极快充接触器是否可以导通，可以通过测量快充接口插件的正极和连接电动压缩机插件的正极之间是否导通来判断（注意不要碰到插件的屏蔽层）；如果导通，则接触器已经粘连，需更换车载充电机 （2）正极快充接触器给常电，如果接触器可以动作（有哒哒声），动作后接触器可以导通，则认为无问题；否则接触器故障，需更换车载充电机

3.3　配电系统维修与操作

3.3.1 | 拆卸高压配电盒

图3-24所示为某款四驱双电机车型高压配电盒，该配电盒将动力电池的高压直流电

分别分流到前电机控制器、电动空调压缩机以及采暖水加热器。

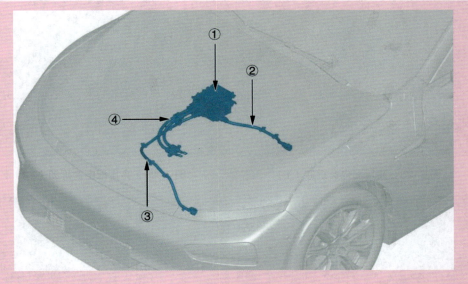

图 3-24　高压配电盒

①—四驱高压配电盒；②—加热器 PTC 线束；③—空调压缩机 ACP 线束；④—前电机线束

1　拆卸周围附件

（1）关闭所有用电器，车辆下电。

（2）断开蓄电池负极极夹。

（3）拆卸手动维修开关。

（4）拆卸雨刮盖板总成。

（5）拆卸空调进风风道。

（6）拆卸三角梁。

2　拆卸四驱高压配电盒

（1）脱开电池水泵出水管固定卡扣 A（见图 3-25）。

（2）旋出固定螺栓 B，将水 - 水换热器总成①移至一侧（见图 3-25）。

（3）脱开出水管①固定卡扣（见图 3-26）。

（4）旋出前电机线束固定螺栓 A（见图 3-27）。

（5）断开四驱高压配电盒连插接头 B、C、D（见图 3-27）。

（6）断开四驱高压配电盒连插接头 A、B（见图 3-28）。

（7）旋出固定螺栓 A、B，拆下四驱高压配电盒①（见图 3-29）。

3　安装四驱高压配电盒

安装程序以拆卸的倒序进行。

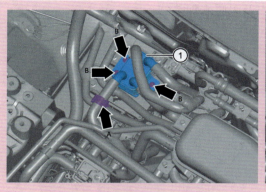

图 3-25　高压配电盒拆卸（1）　　　　　图 3-26　高压配电盒拆卸（2）

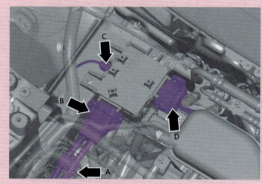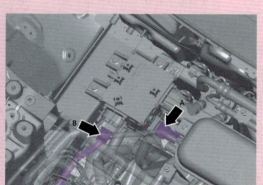

图 3-27　高压配电盒拆卸（3）　　　　　图 3-28　高压配电盒拆卸（4）

4　拆卸 ACP 线束

（1）旋出前电机线束①固定螺栓 A（见图 3-30）。

（2）脱开红色锁止键，并沿 B 方向翻转锁止手柄（见图 3-30）。

（3）断开前电机线束①与四驱高压配电箱连插接头 C（见图 3-30）。

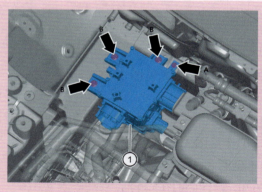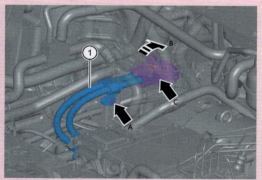

图 3-29　高压配电盒拆卸（5）　　　　　图 3-30　拆卸 ACP 线束（1）

（4）脱开 ACP 线束固定卡扣 A（见图 3-31）。

（5）断开 ACP 线束①与四驱高压配电箱连插接头 B（见图 3-31）。

（6）断开 ACP 线束①与电动压缩机总成连插接头 C（见图 3-31）。

（7）取出 ACP 线束①（见图 3-31）。

5　拆卸 PTC 线束

（1）断开 PTC 线束①与四驱高压配电箱连插接头 A（见图 3-32）。

（2）断开 PTC 线束①与采暖水加热器连插接头 B（见图 3-32）。

（3）脱开固定卡扣 C，拆下 PTC 线束①（见图 3-32）。

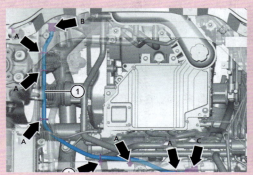

图 3-31　拆卸 ACP 线束（2）

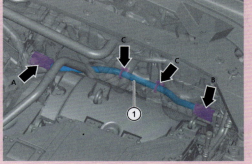

图 3-32　拆卸 PTC 线束

6　拆卸电机线束

拆卸双电机车型前电机线束。

（1）断开前电机线束固定螺栓（见图 3-33）。

（2）旋出固定螺栓，取出接线盒上盖①（见图 3-34）。

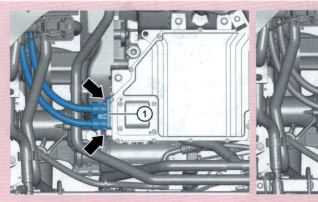

图 3-33　拆卸前电机线束（1）

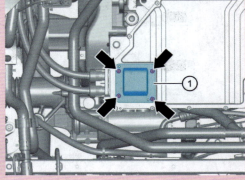

图 3-34　拆卸前电机线束（2）

第1章　第2章　第3章　第4章　第5章　第6章　第7章

（3）旋出固定螺栓，脱开前电机线束①与前驱动电机控制器总成连接（见图3-35）。

（4）旋出前电机线束①固定螺栓A（见图3-36）。

（5）脱开红色锁止键，并沿B方向翻转锁止手柄（见图3-36）。

（6）断开连插接头C，拆下前电机线束①（见图3-36）。

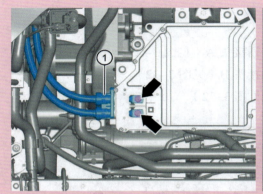
图3-35 拆卸前电机线束（3）

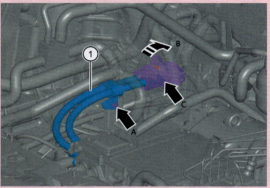
图3-36 拆卸前电机线束（4）

3.3.2 | 更换高压配电盒熔断器

1 拆卸事项

（1）旋出固定螺栓，拆下四驱高压配电箱上盖①（见图3-37）。

（2）旋出固定螺栓，拆下高压配电箱熔断器①和②（见图3-38）。

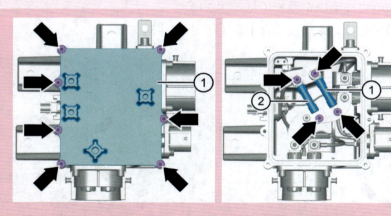
图3-37 拆卸熔断器（1）　　图3-38 拆卸熔断器（2）

2 安装事项

安装程序以拆卸的倒序进行，同时注意下列事项。

（1）对外壳及连接器进行清洁，确保连接器表面及内部无脏污及异物。

（2）如密封胶圈损坏，应更换密封胶圈①（见图 3-39）。

（3）更换熔断器后，对两熔断器回路进行导通测试。

（4）四驱高压配电箱上盖装配好后，对 PDU 进行气密测试。

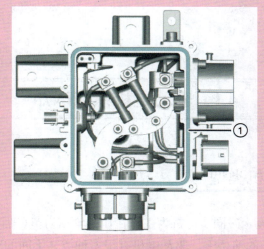

图 3-39　安装熔断器

第 4 章　驱动电机系统维修

4.1　驱动电机系统认知

扫码看视频

扫码看视频

4.1.1 │ 驱动电机类型

扫码看视频

乘用车以使用的交流永磁同步电机为主流，在四轮驱动车车辆中，交流异步电机常搭载在四轮驱动的前桥上。驱动电机有很多种类，不同的电动汽车搭载应用的电机直流励磁电机、永磁无刷直流电机、交流异步电机、交流开关磁阻电机、永磁同步电机等等。根据电源不同，电机可以分为直流电动机和交流电动机两大类。

📣 举例说明：

表 4-1 是车型搭载的驱动电机类型。

表 4-1　不同车型搭载的驱动电机举例

车型		搭载的电机类型	最大总功率 /kW			最大总扭矩 /Nm			电机布局
北汽 EU5	两驱	交流永磁同步电机	160			300			两驱：前置
长安 CS55	两驱	交流永磁同步电机	160			300			两驱：前置
上汽飞凡 ER	两驱	交流永磁同步电机	135			280			两驱：前置
AION Y	两驱	交流永磁同步电机	135			225			两驱：前置
高尔夫	两驱	交流永磁同步电机	100			290			两驱：前置
奥迪 /Q5e-tron	四驱	前：交流异步电机 后：交流永磁同步电机	225			460			双电机：前置 + 后置
大众 ID.X	四驱	前：交流异步电机 后：交流永磁同步电机	230	前 80	后 150	472	前 162	后 310	双电机：前置 + 后置
	两驱	交流永磁同步电机	150			310			两驱：后置

续表

车型		搭载的电机类型	最大总功率 /kW			最大总扭矩 /Nm			电机布局
特斯拉 Mordl3	两驱	交流永磁同步电机	194			340			两驱：后置
	四驱	前：交流异步电机 后：交流永磁同步电机	357			659			双电机：前置 + 后置
小鹏 P7	两驱	交流永磁同步电机	196			390			两驱：后置
	四驱	前：交流永磁同步电机 后：交流永磁同步电机	316	前 120	后 196	655	前 265	后 390	双电机：前置 + 后置
理想 ONE（混动）	四驱	前：交流永磁同步电机 后：交流永磁同步电机	245	前 100	后 145	455	前 240	后 215	双电机：前置 + 后置
极狐 阿尔法 S	四驱	前：交流永磁异步电机 后：交流永磁同步电机	473			655			双电机：前置 + 后置
宝马 iX3	两驱	交流励磁同步电机	210			400			两驱：后置

4.1.2　驱动电机结构

驱动电机系统以驱动电机为核心，是将存储在蓄电池中的电能高效地转化为车轮的动能，进而推进汽车行驶，并能够在汽车减速制动或者下坡时，实现再生制动（见图 4-1）。

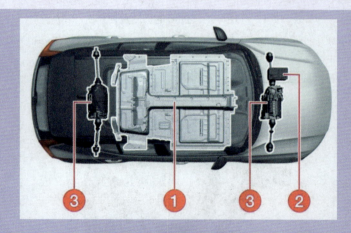

图 4-1　驱动电机

①—动力电池；②—蓄电池（12V）；③—驱动电机；④—传动轴

驱动电机系统由驱动电动机、驱动电机控制器构成，通过高低压线束、冷却管路，与整车其他系统进行电气和散热连接。驱动电机通常为三相永磁同步电机，是电动汽车的"心脏"，是纯电动汽车的唯一动力来源，是汽车行驶的主要执行机构，其决定汽车的动力性等重要指标。

1 盘式电机

图 4-2~ 图 4-4 分别为盘形电机位置、盘形电机外观及盘形电机结构。盘形外机是持续通电同步电机，安装在发动机与自动变速器之间，具有启动机和高压发电机的功能。根据工作模式，电动机可以沿曲轴转动方向施加扭矩，以启动发动机，或沿曲轴转动方向的反方向施加扭矩，以对高压蓄电池充电，这个过程是发动机模式。起步过程中，电动机为发动机提供支持，也就是升压模式；施加制动过程中，部分制动能量被转化为电能，这就是再生制动。

图 4-2　盘形电机位置

①—发动机；②—电动机；③—自动变速器变矩器；④—变速器

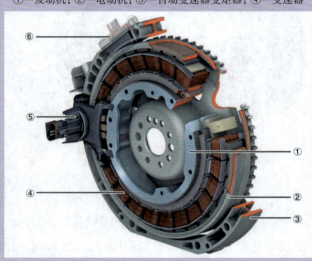

图 4-3　盘形电机外观

①—定子架；②—带增量环和位置传感器轨的转子；③—中间壳体；
④—带线圈的定子；⑤—电气螺纹连接和温度传感器连接器；⑥—转子位置传感器

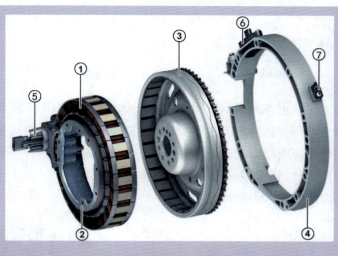

图 4-4　盘形电机结构

①—带线圈的定子；②—定子架；③—带增量环和位置传感器轨的转子；④—中间壳体；
⑤—电气螺纹连接和温度传感器连接器；⑥—转子位置传感器；⑦—曲轴霍尔传感器

　　发动机模式和发电机模式之间的切换由电力电子控制单元进行控制。电力电子装置通过三条母线与电动机的三个电源相连（见图 4-5）。三相电流根据工作模式和转子的位置进行调节。这些相电流产生一个磁场，并与转子磁场一起产生转动所需的扭矩。

图 4-5　盘式电机布局

①—电气插头；②—三相电螺纹连接；③—电动机；④—转子位置传感器

　　调节电动机时需要用到当前转子位置的相关信息。为此，即使电动机静止时，转子位置传感器也会提供振幅信号，并将其传送至电力电子控制单元，以计算角度，并由此计算转速。

　　集成在定子绕组中的温度传感器记录绕组的温度，并将其作为电压信号传送至电力电子控制单元。如果超出特定的温度阈值，则电力电子装置会激活相应的功率限制功能，以

第1章

第2章

第3章

第4章

第5章

第6章

第7章

防止电动机过热。

2 径向电机

（1）基本结构。

径向电机比较常见。电机的基本结构原理是两个磁场相互作用，所以电机具备静止和旋转两大部分。静止的部分称为定子，作用是产生磁场和作为电机的机械支撑。旋转的部分称为转子，作用是感应电势实现能量转换。静止和旋转部分之间有一定大小的间隙称为气隙。气隙的大小决定磁通量的大小。电机的基本结构见图 4-6。

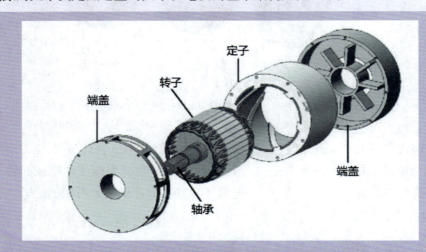

图 4-6　电机的基本结构

（2）同步和异步。

同步和异步电机都是电动汽车上使用广泛的电机，异步电机又称感应电动机，是由气隙旋转磁场与转子绕组感应电流相互作用产生电磁转矩，从而实现机电能量转换为机械能量的一种交流电机。所以有些电动汽车驱动电机配置上会写"电感 / 异步"。

异步电机在总体组成结构上与同步电机基本相同，同步电机和异步电机最大的区别在于它们的转子速度与定子旋转磁场是否一致。电机的转子速度与定子旋转磁场相同，就叫作同步电机；反之，就叫作异步电机。另外，同步电机与异步电机的定子绕组是相同的，区别在于电机的转子结构。异步电机的转子是短路的绕组，靠电磁感应产生电流。而同步电机的转子结构相对复杂，有直流励磁绕组。所以有些电动汽车在驱动电机配置上会写"励磁 / 同步"。

3 驱动电机主要部件

扫码看视频

▶ 举例说明：

奥迪某款车上的驱动电机是搭载的异步电机，前桥上采用平行轴式电机来驱动车轮（见图 4-7），后桥则采用同轴式电机来驱动车轮（见图 4-8）。前桥和后桥上每个交流驱动电机都有一根等电位线连着车身。

第 1 章

第 2 章

第 3 章

第 4 章

第 5 章

第 6 章

第 7 章

> **📝 补充说明：**
>
> 　　什么是等电位？电动汽车动力电池属于高压系统，为防止因过大的电位差引起安全事故，相关标准要求将等电位连接作为高压系统的基本防护，也常称作电位均衡要求。
>
> 　　等电位连接也称为接地，是将高压系统的可导电部分经地线连接到车身地，形成一个等电势点。简单来说，就是以地线、焊接、螺栓固定等方式，将可导电部分与车身地连接起来。

图 4-7　前驱动电机　　　　　　　图 4-8　后驱动电机

　　电机的主要部件带有 3 个呈 120°（即三相电，通入的三相交流电流相位差 120°）布置铜绕组（U、V、W）的定子。转子把转动传入齿轮箱。为了能达到一个较高的功率密度，静止不动的定子与转动着的转子之间的气隙必须非常小。电机与齿轮箱合成一个车桥驱动系统。驱动电机内部结构见图 4-9。

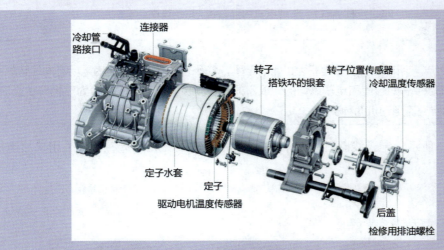

图 4-9　驱动电机内部结构

　　（1）定子和转子。

　　定子是通过功率电子装置来获得交流电供给的。铜绕组内的电流会在定子内产生旋转的磁通量（旋转的磁场），这个旋转磁场会穿过定子。异步电机转子的转动要稍慢于定子的转动磁场（这就是异步的意思，见图4-10），这个差值称为转差率。于是就在转子的铝制笼内感应出一个电流，转子内产生的磁场会形成一个切向力使转子转动。叠加的磁场产生了转矩。定子和转子见图4-11。

图4-10　驱动电机内部结构/定子和转子

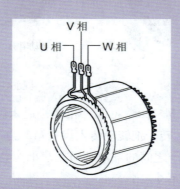

图4-11　驱动电机内部结构/定子线圈

💡 维修提示：

　　因为"异步"，所以就有了转差率，也叫滑差率，表示的是转子和定子内磁场之间的转速差。

　　异步，就是转子的转速和定子磁场的速度不同步。异步交流电动机又分为三相异步交流电动机和单相异步交流电动机两种。

　　如图4-12所示，定子线圈具有U相、V相和W相的三相构造，并且采用星形连接来连接线圈。

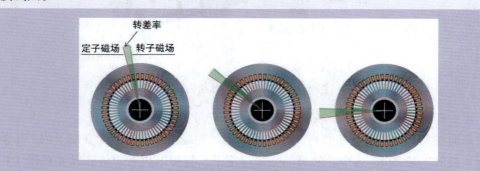

图4-12　驱动电机内部结构/异步原理

（2）电机冷却系统

前桥和后桥上的驱动电机和电机控制器是通过低温循环管路而液冷的，见图4-13。定子和转子上都有冷却液流过。尤其是附带的转子内部冷却，在持续功率输出和再现峰值功率方面具有重要意义。

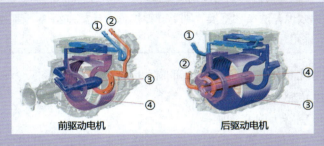

前驱动电机　　　　　　　后驱动电机

图4-13　驱动电机内部结构 / 冷却

①—冷却液入口；②—冷却液出口；③—定子冷却水套；④—转子内部冷却

电机控制器（功率电子装置）和电机是彼此串联在冷却环路中的。冷却液首先流经功率电子装置，然后流经前桥上所谓的"水枪"，以便对转子内部进行冷却。之后，冷却液流经定子水套并返回到循环管路中。

（3）电机温度传感器。

驱动电机上安装有两个功能相同的电机温度传感器（定子温度传感器），集成在定子绕组上。在前桥电机上是前部交流驱动装置冷却液温度传感器和前部驱动电机温度传感器。前部交流驱动装置冷却液温度传感器用于监控流入的冷却液的温度。前部驱动电机温度传感器用于测量定子温度，为了测量精确，集成在定子绕组上且采用冗余设计，即尽管只需要一个传感器，但是在定子绕组上则集成了两个传感器，见图4-14。

图4-14　动电机内部结构 / 电机温度传感器

奥迪 e-tron 驱动电机的电机温度传感器：若其中一个电子温度传感器损坏了，那么另一个传感器仍具有温度监控功能。如果这两个传感器之一损坏了，不会有故障记录。如果电机上的两个传感器都损坏了，黄色警报灯会闪和启用应急运行。

如果确认损坏失效也无法单独更换，则需要更换整个电机来解决。因为不能单独更换，所以安装两个传感器，采用冗余设计。

后桥上的结构与此相同。定子内有后部驱动电机温度传感器，冷却液温度由后部交流驱动装置冷却液温度传感器来测量。

（4）转子位置传感器（旋变传感器）。

扫码看视频

转子位置传感器是根据坐标转换原理来工作的，可以侦测到转子轴最小的位置变化。该传感器由两部分构成：坐标转换器盖上的不动传感器和安装在转子轴上的靶轮，转子位置传感器可单独更换（见图 4-15）。

图 4-15　驱动电机内部结构 / 转子位置传感器

电机控制器（功率电子装置）根据转子位置信号（转子每转的传感器信号有四个脉冲）计算出用于触发异步电机所需的转速信号。当前的转速值会显示在测量数据中。

（5）搭铁环。

搭铁环是转子轴和壳体之间的接触件，是压入驱动电机壳体内的。搭铁环的左、右侧都有织物片，用于防止脏污进入或碎屑排出。

搭铁环（见图 4-16）的电阻比轴承电阻小。转子轴上产生的电压由流经搭铁环的电流来消除。如果没有搭铁环，这个电流就会流经轴承，长久这样会损坏轴承。搭铁环薄片可自动进行调整，以便补偿磨损。

图 4-16　驱动电机内部结构 / 搭铁环

4.1.3 | 电机控制器

1 | 组成

电机控制器 PEU（Power Electric Unit）是一个高功率、高电压的功率电子模块，主要由 DC/AC 逆变器和 DC/DC 变换器组成。

电机控制器是通过固定螺栓直接拧在驱动电机上的，前后驱动电机上都安装有一个这样的控制器（控制器单元），是三相供电连接的。冷却液从电机控制器经冷却液管接头流入电机。驱动电机控制器内部结构见图 4-17。

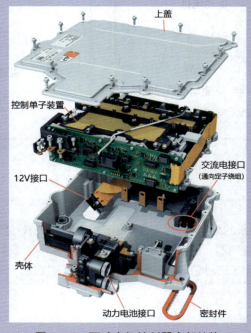

图 4-17　驱动电机控制器内部结构

2 作用

电机控制器是控制动力电池与前电机之间能量传输控制的装置，是电机驱动及控制系统的核心，作为整个动力系统的控制中心，控制和驱动特性决定了汽车行驶的主要性能指标。

3 控制

电机控制器包含控制电路、驱动电路、IGBT功率半导体模块及其关联电路等硬件部分以及电机控制算法及逻辑保护等软件部分。

电机控制器采用CAN通信控制，控制着动力电池到电机之间能量的传输转换，同时采集电机位置信号和三相电流检测信号，根据整车控制器的模式、扭矩等指令请求，通过内部控制算法运算后控制逆变器IGBT关断来驱动逆变器产生三相电流驱动电机运行。

> 💡 维修提示：
>
> 如图4-18所示电机控制器直流母线端连接到PDU（高压配电盒／充配电单元／车载电源系统），三相线出线端连接到驱动电机，低压信号端接入到整车低压信号线束中，接地点通过接地线束连接车身。

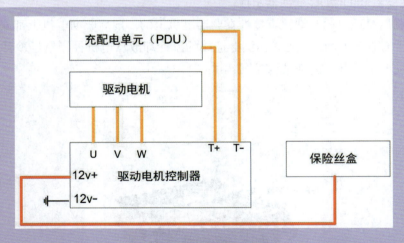

图4-18 电驱系统控制电路

> ✏️ 补充说明：
>
> 整车控制器是电机系统的控制中心。它对所有的输入信号进行处理，并将电机控制系统运行状态的信息发送给整车控制器。根据驾驶员输入的加速踏板和制动踏板的信号，向电机控制器发出相应的控制指令，对电机进行启动、加速、减速、制动等控制。

4.1.4 | 驱动单元

1 三合一集成驱动单元

（1）核心部件。

电动汽车电动化部分由电机驱动系统、动力电池系统和控制系统组成，是电动汽车的核心。其中，电机驱动系统是直接将电能转换为机械能的部分，驱动电机决定了电动汽车的性能指标。驱动电机（电机绕组、电机壳体）、驱动电机控制器（功率电子）、变速器（减速器）集成的"三合一"，组成了电动汽车的驱动系统（单元）（见图 4-19）。

图 4-19　驱动单元部件

（2）三合一布局。

以前的集成方式主要基于车载电源层面，把车载充电机、DC/DC 直流变换器，以及逆变器三合一集成在一起。前边讲过，现在主流的集成方式是转换器（直流 DC/DC）、车载充电机（OBC）和高压配电盒（PDU）集成在一起的高压电源系统三合一。也就是说，后来逆变器从车载电源被剥离出来，与电驱系统集成在一起，即驱动电机、减速器和电机控制器（逆变器）组成的电驱总成三合一也是现在主流的集成方式。有些电驱三合一更是干脆地把它们集成到了一个整体的外壳中。

> **举例说明：**
>
> 图 4-20 所示为宝马纯电动汽车 iX3 GO8 电气化驱动单元，它以驱动电机、电机控制器以及变速器高度集成的方式汇总到一个集中的外壳中。和所提供的功率相比，可以显著降低驱动技术在安装空间和质量方面的要求。这样一来，和过去的 BMW 电驱动装置相比，功率密度提高了大约 30%。图 4-21 是该电驱单元的内部结构。

图 4-20 三合一电驱单元

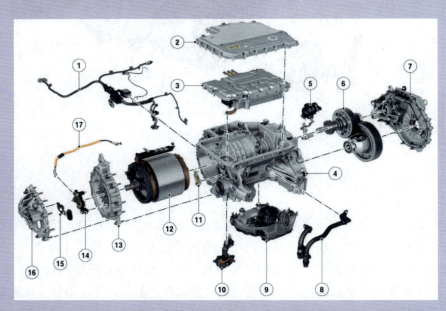

图 4-21 电驱单元的内部结构

①—低压电缆束；②—壳体盖；③—驱动电机控制器；④—发动机壳体；⑤—驻车锁止模块；⑥—变速器（单挡）；
⑦—变速器壳体盖；⑧—冷却液管；⑨—机油模块；⑩—高压电接口；⑪—壳体盖（高压插头连接 /EME 的螺栓连接）；
⑫—驱动电机；⑬—轴承盖；⑭—电刷模块；⑮—转子位置传感器；⑯—壳体盖；⑰—励磁导线

2 多合一集成智能电驱系统

电动汽车电动化系统无论是三合一、四合一还是更多地合在一起的集成总成，本质上都是电驱集成化。随着电动汽车和智能联网汽车技术的快速发展，电动汽车越来越优化的结构和更加个性化、人性化的功能，提高了乘驾的舒适度和其他性能。

有的由车载充电机、直流变换器、高压配电盒、整车控制器、电池管理器组成电驱控制总成多合一。有些把驱动电机、减速器、电机控制器、高压配电盒、DC/DC、DC/AC、充电机等零部件集成为一个电驱动总成的"多合一"（见图 4-22）。

⤷ 举例说明：

图 4-23 和图 4-24 所示为比亚迪 BYD E3.0 平台海豚的八合一电动驱动系统，它集成了驱动电机控制器、双向车载充电机、DC/DC 转换器、高压配电盒 (PDU)、驱动电机、变速器、整车控制器、动力电池管理器八大块系统（分总成）/ 部件。其中，整车控制器和电池管理器共同组成了动力域控制器（VBM）。

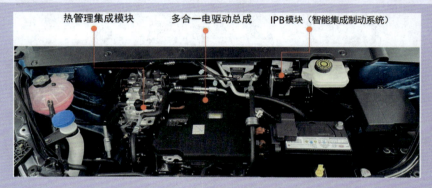

图 4-22　多合一电驱动总成 / 机舱

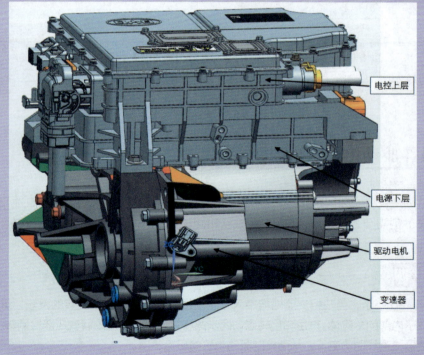

图 4-23　电驱总成 / 八合一电驱总成

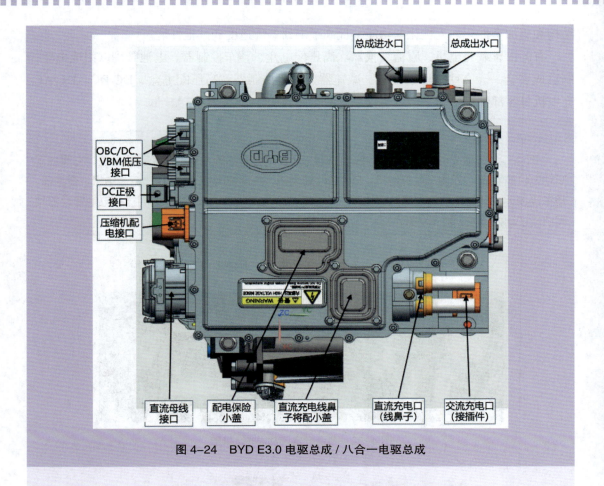

图 4-24　BYD E3.0 电驱总成 / 八合一电驱总成

4.2　驱动电机系统控制与诊断

4.2.1 | 驱动电机扭矩的建立

　　动力电机逆变器为驱动电机提供所需的交流电，它将来自动力电池的直流电转化为交流电。根据车辆需要改变输入驱动电机的三相交流电的电流及频率，从而控制驱动电机的输出。

> 📝 **补充说明：**
>
> 　　如图 4-25 所示，当三相交流电被接入到定子线圈中，即产生了旋转的磁场，这个旋转的磁场牵引转子内部的永磁体，产生和旋转磁场同步的旋转扭矩。使用旋转变压器检测转子的位置，用电流传感器检测线圈的电流，从而控制驱动电机的扭矩输出。

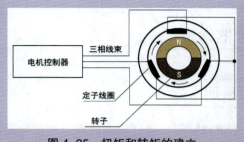

图 4-25 扭矩和转矩的建立

1 驱动时

如图 4-26 所示，DC → AC，电动行驶。高压直流电通过 IGBT 功率模块转换成三相交流电，驱动电机输出动力给减速器；减速器将电机输出转速扭矩降速增扭后传递到驱动轴，以驱动整车运动。

维修提示：

逆变器利用 6 个 IGBT 或碳化硅半导体开关模块组成三相开关电路，6 个 IGBT 模块，每相 2 个，负责正负。

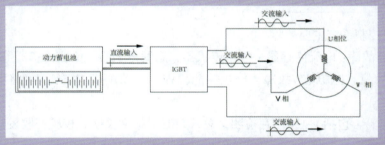

图 4-26 驱动模式 /DC → AC

2 发电时

如图 4-27 所示，AC → DC，能量回收。将车轮传递到减速器的转速扭矩，增速降扭后传递到驱动电机，驱动电机将电机线圈端产生的三相交流电通过 IGBT 模块，转变成高压直流电，给动力蓄电池充电。

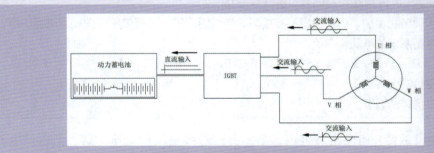

图 4-27 发电模式 /AC → DC

4.2.2 电机控制器诊断

1 电机控制器诊断原则

当发生驱动电机控制系统故障时，软件根据故障级别使电机控制器进入安全状态或限制状态。安全状态包括主动短路或 Freewheel 模式，限制状态包括四个级别的功率 / 转矩输出限制。电机控制器软件中提供基于 ISO–14229 标准的诊断通信功能，包括硬件温度诊断、电机诊断、CAN 通信诊断、DC/DC 诊断等。

补充说明：

Freewheel 模式即自由停机，也就是将逆变器的 6 个开关器件全部关断。

这种情况下，IGBT 不会导通。这时候逆变器其实等效为三相不控整流电路。当电机转速较低时，电机的反电动势幅值比较小，电机线电压小于母线电压 U_{dc}，二极管无法导通，整个回路之间不会产生电流。

2 电机控制系统故障

（1）电机控制系统主要故障。

1）传感器故障：电流传感器、电压传感器、温度传感器、位置传感器等故障。

2）电机故障：电流调节故障，电机性能检查，主动短路或空转条件不满足，转子偏移角等。

3）总线故障：包括 CAN 内存检测，总线超时，报文长度、校验，收发计数器。

补充说明：

整车控制器 VCU 报文超时故障，需要重点检查电机控制器与整车控制器之间的 CAN 总线。

电机控制器将来自动力电池的高压直流电转化为高压三相交流电，输出至驱动电机，通过控制高压三相交流电的变化，控制驱动电机的输出扭矩。

在控制过程中，电机控制器基本功能如下：

1）控制驱动电机驱动机械负载，执行来自 VCU 的目标扭矩命令。

2）通过高速 CAN 总线和其他节点进行数据交换。

3）系统实现自我保护，保护自身不被损坏，如过温保护、过压欠压保护和过流保护等。

4）控制高压系统的电压和电流。

5）在 VCU 命令下对高压母线进行紧急放电和常规放电。

6）估算电机输出转矩。

7）估算电机转子温度。

4）其他硬件故障：相电流过电流诊断，直流母线电压过电压，高、低压供电故障，处理器监控等。

（2）电机控制系统故障列表（见表 4-2）。

表 4-2　电机控制系统故障列表

故障 / 诊断显示	故障生成 / 故障内容	可能故障原因	故障点
诊断过电压 / 欠电压	电压大于 16V 或电压小于 9V，持续时间大于 3s	供电电压过高或过低	检查供电
ECAN 关闭	3 次连续 Bus-off	CAN 线路故障	检查 CAN 线路
与 VCU 中断通信	VCU 报文连续丢失 10 个周期	（1）VCU 故障（2）CAN 线路故障	检查 VCU 及 CAN 线路
与 CGW 中断通信	CGW 报文连续丢失 10 个周期	（1）CGW 故障（2）CAN 线路故障	检查 CGW 及 CAN 线路
Checksum 错误故障	监控报文 ID：0×17C 接收节点的 Checksum 和发送节点的 Checksum 连续不一致超过 10 时的记录	CAN 通信模块故障	检查 CAN 通信模块
AliveCounter 错误故障	监控报文 ID：0×17C 接收节点的 AliveCounter 和发送节点的 AliveCounter 连续不一致超过 nCounterError（典型值为 10）时记录	CAN 通信模块故障	（1）检查总线是否丢帧（2）检查对应节点 LiveCnt 是否更新
霍尔过电流故障	满足以下任一条件后报该故障：（1）U 相电流峰值 > 过电流点（2）W 相电流峰值 > 过电流点（3）V 相电流峰值 > 过电流点	（1）输出电流过大（2）霍尔或检测回路受干扰（3）霍尔掉线或异常	检查霍尔状态
驱动上桥故障	满足以下全部条件后报该故障：（1）控制驱动上桥的驱动芯片发生严重故障（如低压欠电压、过电压、过电流、通信等）（2）驱动芯片故障后置 Fault 信号	（1）IGBT 硬件受损（2）驱动上桥芯片异常（3）上桥驱动电源异常（4）Fault_H 信号受干扰	（1）检查 IGBT 硬件（2）检查驱动上桥芯片（3）检查上桥驱动电源（4）检查 Fault_H 信号状态
驱动下桥故障	满足以下全部条件后报该故障：（1）控制驱动下桥的驱动芯片发生严重故障（如低电压欠电压、过电压、过电流、通信等）（2）驱动芯片故障后置 Fault 信号	（1）IGBT 硬件受损（2）驱动下桥芯片异常（3）下桥驱动电源异常（4）Fault_H 信号受干扰	（1）检查 IGBT 硬件（2）检查驱动下桥芯片（3）检查下桥驱动电源（4）检查 Fault_H 信号状态
KL30 电源欠电压	满足以下任一条件后报该故障：（1）MCU 状态 =Run；MCU 控制电压 ≤ 7V（1.5ms）（2）MCU 状态 =Stop；MCU 控制电压 ≤ 7V（20ms）	（1）蓄电池电源工作异常（2）蓄电池检测回路异常	（1）检查蓄电池电源（2）检查蓄电池检测回路
母线过电压故障	Capacity Voltage > 483V	（1）动力电池直流母线电压过高（2）回馈能量过大（3）母线电压振荡（4）电压检测回路异常	（1）检查动力电池直流母线电压（2）检查回馈能量状态（3）检查母线电压振荡（4）检查电压检测回路

故障/诊断显示	故障生成/故障内容	可能故障原因	故障点
旋变异常故障	100ms 内：旋变 LOS DOT 硬线信号错误次数大于阈值	（1）旋变掉线 （2）未良好接地等导致旋变干扰太大 （3）检测芯片电路异常	（1）检查旋变 （2）检查旋变芯片电路
输出缺相故障	满足以下任一条件后报该故障： （1）上电缺相检测阶段任意相断路 （2）正常缺相检测阶段电流偏差过大	（1）控制器三相输出缺相 （2）电流检测异常	（1）检查控制器三相线连接情况 （2）检查电流检测电路
角度跳变故障	电机转子角度与上一周期的值差大于阈值，持续 40ms	（1）未良好接地等导致旋变干扰太大 （2）检测芯片电路异常	（1）检查旋变干扰 （2）检查旋变检测芯片电路
母线欠电压故障	满足以下全部条件后报该故障： （1）MCU 状态 =Run （2）MCU 状态 != 主动放电 （3）母线电压 < 150V	（1）动力电池电压过低 （2）母线电压振荡 （3）电压检测异常	（1）检查动力电池电压 （2）检查母线电压振荡情况 （3）检查电压检测电路
U 相电流零漂故障	U 相电流的零漂值 > 临界值（0.156×1000A），持续 1280ms	（1）霍尔异常 （2）运放异常	（1）检查霍尔 （2）检查运放
V 相电流零漂故障	V 相电流的零漂值 > 临界值（0.156×1000A），持续 1280ms	（1）霍尔异常 （2）运放异常	（1）检查霍尔 （2）检查运放
W 相电流零漂故障	W 相电流的零漂值 > 临界值（0.156×1000A），持续 1280ms	（1）霍尔异常 （2）运放异常	（1）检查霍尔 （2）检查运放
U 相电流过大故障	U 相电流幅值大于阈值（850A）持续 50ms	U 相霍尔断线或者短电源	（1）检查霍尔 （2）检查运放
U 相电流过小故障	U 相电流幅值小于阈值（−850A）持续 50ms	U 相霍尔短地	（1）检查霍尔 （2）检查运放
V 相电流过大故障	V 相电流幅值大于阈值（850A）持续 50ms	V 相霍尔断线或者短电源	（1）检查霍尔 （2）检查运放
V 相电流过小故障	V 相电流幅值小于阈值（−850A）持续 50ms	V 相霍尔短地	（1）检查霍尔 （2）检查运放
W 相电流过大故障	W 相电流幅值大于阈值（850A）持续 50ms	W 相霍尔断线或者短电源	（1）检查霍尔 （2）检查运放
W 相电流过小故障	W 相电流幅值小于阈值（−850A）持续 50ms	W 相霍尔短地	（1）检查霍尔 （2）检查运放
三相电流之和不合理故障	三相电流之和大于阈值（66A）；阈值偏大的次数大于检测次数的 80%	（1）电流采样异常 （2）输出短路 （3）输出短机壳	（1）检查霍尔 （2）检查运放
硬件过电压故障	检测到触发硬件过电压的 I/O 口的下降沿	（1）动力电池电压过高 （2）母线电压振荡 （3）电压检测异常	（1）检查动力电池电压 （2）检查母线电压振荡情况 （3）检查电压检测电路

续表

故障 / 诊断显示	故障生成 / 故障内容	可能故障原因	故障点
驱动芯片初始化失败故障	驱动芯片配置次数 > 5 次，仍未成功	驱动芯片故障	检查驱动芯片
EEROM 故障	满足以下任一条件后报该故障： （1）EEPROM 连续读时间 > 500ms，不成功 （2）EEPROM 连续读时间 > 1000ms，不成功 （3）EEPROM 连续读时间 > 7000ms，不成功	EEPROM 故障	检查 EEPROM
主动放电故障	满足以下全部条件后报该故障： （1）母线电压大于 60V （2）主动放电时间超过 3s	（1）BMS 接触器未实际脱开 （2）电压采样失效 （3）出现无法放电开管故障	（1）检查 BMS 接触器状态 （2）检查电压采样 （3）检查放电情况
电机温度过低故障	满足以下全部条件后报该故障： （1）电机温度≤温度曲线中的最小值（NTC/PT100/PT1000：–48℃；KTY84：–40℃） （2）持续时间超过 250ms	（1）电机温度传感器（NTC）未接线 （2）电机温度传感器（PT）短路到地	检查电机温度传感器
IGBT 温度过高故障	满足以下全部条件后报该故障： （1）GBTNTC 温度 > IGBT 温度范围的最大值（120℃） （2）时间持续 200ms	NTC 短路故障	检查 NTC
控制器过载报警	满足以下全部条件后报该故障： （1）控制器输出电流值 > 控制器额定电流 （2）控制器输出电流持续时间 > 硬件设定的保护时间	（1）过负载运行 （2）电流检测异常	（1）无过载运行 （2）检查电流检测电路
控制器过热报警	满足以下全部条件后报该故障： （1）无 IGBT 温度过高或过低故障 （2）控制器处于运行状态 （3）控制器温度 > 控制器过温点 –5℃	（1）控制器温度过高 （2）水泵流量不足 （3）水路阻塞	（1）检查控制器温度 （2）检查水泵流量 （3）检查水路
控制器过热故障	满足以下全部条件后报该故障： （1）控制器温度 > 控制器过温点 155℃ （2）无 IGBT 温度过高或过低故障发生 （3）时间持续 250ms	（1）冷却液管路异常 （2）水泵异常 （3）过负载运行 （4）温度检测异常	（1）检查冷却液管路 （2）检查水泵 （3）检查控制器运行状态 （4）检查温度检测电路
控制器 NTC 过温报警	满足以下全部条件后报该故障： （1）无 IGBT 温度过高或过低故障 （2）控制器处于运行状态 （3）IGBT NTC 温度 > 100℃	（1）水泵流量不足 （2）水路阻塞 （3）水路有空气	（1）检查水泵流量 （2）检查水路
控制器 NTC 过温故障	满足以下全部条件后报该故障： （1）IGBTNTC 温度 > IGBT 原始温度过温点（105℃） （2）无 IGBT 温度过高或过低故障发生 （3）时间持续 250ms	（1）水泵流量不足 （2）水路阻塞 （3）水路有空气	（1）检查水泵流量 （2）检查水路

第 1 章

第 2 章

第 3 章

第 4 章

第 5 章

第 6 章

第 7 章

故障 / 诊断显示	故障生成 / 故障内容	可能故障原因	故障点
电机过热报警	满足以下全部条件后报该故障： （1）电机温度 > 电机过温点 –10℃ （2）无电机温度过高或过低故障	（1）电机温度过高 （2）水泵流量不足 （3）水路阻塞	（1）检查电机温度 （2）检查水泵流量 （3）检查水路
电机过热故障	满足以下全部条件后报该故障： （1）当前不处于电机温度过高或过低检测状态 （2）电机温度 > 电机过温点（165℃） （3）时间持续 500ms	（1）冷却液管路异常 （2）水泵异常 （3）过负载运行 （4）温度检测异常	（1）检查冷却液管路 （2）检查水泵 （3）检查控制器运行状态 （4）检查温度检测电路
电机温度过高故障	满足以下全部条件后报该故障： （1）电机温度传感器选择非空（BA–00） （2）电机温度≥温度曲线中的最大值（NTC：192） （3）掉线计数时间达到设定的判断时间(250ms)	（1）温度传感器（PT）掉线 （2）温度传感器（NTC）短路	检查温度传感器
超速故障	满足以下条件后报该故障： （1）无旋变故障 （2）转矩控时电机转速 > 12600 或者 < –4200（允许误差 ±30r/min） （3）转速控时电机转速 > 12600 或者 < –12600（允许误差 ±30r/min） （4）超速时间持续 2s	电机转速过高	（1）检查旋变 （2）检查旋变芯片电路
母线欠电压报警	满足以下全部条件后报该故障： （1）MCU 状态 =Run （2）非主动放电中 （3）母线电压 < 欠压点（150V)+30V	控制器直流母线电压过低	检查控制器直流母线电压
母线过电压报警	满足以下全部条件后报该故障： （1）母线电压 > 过压点（483V）–30V 时，开始限制最大输出电流 （2）最大输出电流限制至峰值的 60%	控制器直流母线电压过高	检查控制器直流母线电压
控制器 IGBT	Vce 导通电压过高或驱动 IC 发出开通信号 IGBT 没有开通	控制器 IGBT 故障	检查控制器 IGBT
IGBT 驱动正电源过电压	驱动正电源电压 > 19V	控制器 IGBT 故障	检查控制器 IGBT
IGBT 驱动正电源欠电压	驱动正电源电压 < 13V	控制器 IGBT 故障	检查控制器 IGBT
IGBT 驱动负电源过电压	驱动负电源电压 < –10V	控制器 IGBT 故障	检查控制器 IGBT
IGBT 驱动负电源欠电压	驱动正电源电压 > –6V	控制器 IGBT 故障	检查控制器 IGBT
IGBT 驱动芯片过温故障	驱动 IC 自身温度 > 155℃	控制器 IGBT 故障	检查控制器 IGBT

续表

故障 / 诊断显示	故障生成 / 故障内容	可能故障原因	故障点
IGBT 驱动芯片低压侧电源欠电压	驱动 IC 低压侧 5V 电源电压 < 3.8V	控制器 IGBT 故障	检查控制器 IGBT
IGBT 驱动芯片低压侧电源过电压	驱动 IC 低压侧 5V 电源电压 > 5.7V	控制器 IGBT 故障	检查控制器 IGBT
IGBT 驱动芯片 SPI 通信故障	驱动 IC 通信故障（多次尝试仍有故障）	控制器 IGBT 故障	检查控制器 IGBT
IGBT 上下桥互锁故障	驱动芯片首先会检测上下桥是否有直通可能，然后再发出 PWM 波（死区时间小于 1.2μs）	控制器 IGBT 故障	检查控制器 IGBT
IGBT 驱动芯片退饱和故障	驱动 IC 的 DESAT 检测管脚的电压	控制器 IGBT 故障	检查控制器 IGBT
主动短路不合理故障	满足以下全部条件后报该故障：（1）电流幅值小于 100A 或母线电压保持在 500V 以上（2）速度大于阈值（600r/min）（3）时间大于 200ms	（1）霍尔异常（2）驱动异常	（1）检查霍尔（2）检查驱动
扭矩输出异常故障	满足以下全部条件后报该故障：（1）反馈转矩大于或小于给定转矩阈值（2）时间持续 200ms	（1）电流环参数不合理（2）旋变零点角度不准确	（1）检查电流环参数（2）检查旋变零点角度
旋变奇偶校验错误	100ms 内奇偶校验错误次数 > 阈值	（1）旋变异常（2）旋变受干扰	（1）检查旋变（2）检查旋变受扰状态
唤醒信号异常警告	满足以下全部条件后报该故障：（1）高压工作模式下，IGN 异常断开（2）时间大于 100ms	KL15 异常	检查 KL15
VCU 指令超范围	满足以下条件后报该故障：（1）VCU 发出的 Torque 请求值及其限制值超过 IPU 峰值扭矩（2）VCU 发出的 Speed 请求值及其限制值超过 IPU 最大转速（3）持续 100ms	VCU 异常	检查 VCU 状态
模式故障	满足以下条件后报该故障：（1）VCU 模式请求异常，VCU 指令未按 IPU 规定模式跳转图请求（2）VCU 模式请求值为无效值（3）持续 100ms	VCU 异常	检查 VCU 状态

第 1 章

第 2 章

第 3 章

第 4 章

第 5 章

第 6 章

第 7 章

续表

故障/诊断显示	故障生成/故障内容	可能故障原因	故障点
非期望的扭矩过大故障	满足以下全部条件后报该故障： （1）转矩控时，输出扭矩绝对值大于请求扭矩绝对值 50N·m （2）持续 200ms	MCU 异常	检查 MCU 状态
实际扭矩方向反向故障	满足以下全部条件后报该故障： （1）转矩控时，给定转矩和反馈转矩的方向相反 （2）给定转矩和反馈转矩之差的绝对值大于 50N·m （3）持续 200ms	MCU 异常	检查 MCU 状态
ASC 执行异常	满足以下条件后报该故障： （1）正在执行 ASC 时 NTC 温度或电机温度达到退出 ASC 的温度阈值 3℃以内 （2）需要执行 ASC 但不具备执行 ASC 的条件（电机过热故障、控制器 IGBT NTC 过温故障、控制器 IGBT 结温过温故障、上下桥均故障），持续超过 120ms	MCU 异常	检查 MCU 状态

4.3　驱动电机系统维修与操作

4.3.1 | 拆装驱动电机线束插接器

1 拆卸电机线束插接件

（1）关闭所有用电器，车辆下电。

（2）断开蓄电池负极极夹。

（3）拆卸手动维修开关。

（4）拆卸带杠杆塑料插座的电机线束插接件（见图 4-28）。

1）锁止 1 后退。

2）按下舌片 2。

3）打开杠杆 3，旋转到底。

4）公端和母端分离。

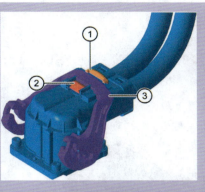

图4-28 拆卸带杠杆塑料插座的电机线束插接件

①—锁止；②—舌片；③—杠杆

（5）拆卸过程中的注意事项如下。

1）旋转锁止时，不要单手扣杠杆把手，容易造成插头和插座不同轴而自锁，无法拔出。可以采用双手协助拔出，并尽量保证插座和套头同轴（见图4-29）。

图4-29 拆卸时正确操作及错误操作对比

2）维修过程遇到带有泥土、使用了很长时间的插接件，需要先清理杠杆槽中的泥土，再进行拆卸（见图4-30）。

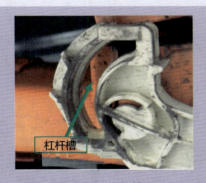

杠杆槽

图4-30 杠杆槽图

3）如果在拆卸过程中出现卡滞，需要调整一下插头和插座的同轴度，再继续拆卸，禁止蛮力操作。

2 安装电机线束插接件

（1）安装带杠杆塑料插座的电机线束插接件（图4-31）。

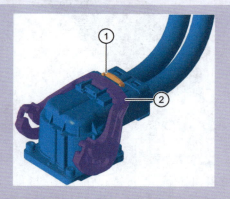

图4-31 安装带杠杆塑料插座的电机线束插接件

①—锁止；②—杠杆

1）打开杠杆②。

2）将插接件插入插座中。

3）旋转杠杆②。

4）推进锁止①。

（2）安装过程中的注意事项（见图4-32）。

1）旋转锁止时，不要单手扣合杠杆把手，容易造成插头和插座不同轴而自锁，无法插入。可以采用单手两个着力点反向扣合插接件或者双手协助扣合，并尽量保证插座和插头同轴。

2）维修过程中插接件在开放环境放置了很长时间，如果带有泥土会加大摩擦，安装中如果出现卡滞，需要多安装几次，不要用水清洗，不要清理灰尘，防止水和飞尘进入插接件内部。

3）如果在安装过程中出现卡滞，需要调整一下插头和插座的同轴度，再继续安装，禁止蛮力操作。

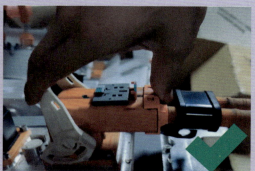

图4-32 安装时正确操作及错误操作对比

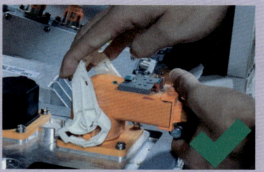

图 4-32　（续）

4.3.2 | 拆装前驱动电机

1 | 拆卸前驱动电机

拆卸各冷却水管后，需将各冷却水管进行密封处理，以防杂物进入管路内造成堵塞。

（1）拆卸前副车架总成及前动力总成。

（2）拆卸前电机中上隔音垫总成。

（3）拆卸前电机左内隔音垫总成。

（4）拆卸前电机中下隔音垫总成。

（5）拆卸前驱动电机总成。

1）旋出前驱动电机总成①与前驱减速器总成连接螺栓（见图 4-33）。

2）旋出连接螺栓，拆下前驱动电机总成①（见图 4-34）。

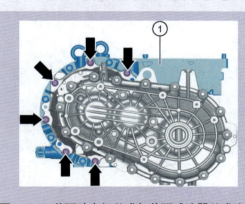

图 4-33　前驱动电机总成与前驱减速器总成连接螺栓

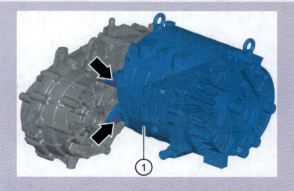

图 4-34　前驱动电机总成

2 | 安装前驱动电机

安装程序以倒序进行，同时注意下列事项。

1）检查并更换密封垫圈 1（见图 4-35 和图 4-36）。

2）安装完成后，需进行气密性检测。

图 4-35　密封垫圈 / 驱动电机上

①—密封垫圈

图 4-36　密封垫圈 / 减速器上

①—密封垫圈

第 5 章　空调和热管理系统维修

5.1　电动压缩机认知

5.1.1　电动压缩机结构

　　纯电动汽车和混合动力汽车通常使用的都是电动涡旋压缩机，也叫电动螺旋压缩机。图 5-1 和图 5-2 电动压缩机集电子控制单元电动机和压缩机为一体，压缩机外部有高压接口，电动制冷剂压缩机使用高压电运行，使空调系统在所有行驶状况下均可运行，不仅是车内空间的冷却系统，动力电池也间接通过制冷剂循环回路冷却。

图 5-1　电动压缩机外部特征（1）

图 5-2　电动压缩机外部特征（2）

5.1.2 电动压缩机运行机理

涡旋式内盘由三相交流同步电机通过一个轴驱动并进行偏心旋转。通过固定式螺旋型外盘上的两个开口吸入低温低压气态制冷剂，然后通过两个螺旋型盘的移动使制冷剂压缩、变热。空调压缩机涡旋式内部结构见图5-3。

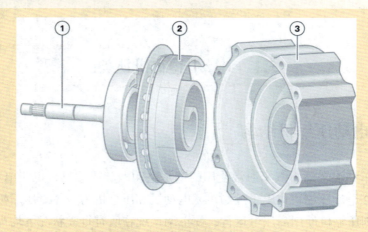

图5-3　电动压缩机内部结构/涡旋式

①—轴；②—涡旋式内盘；③—涡旋式外盘

如图5-4所示，转动三圈后，吸入的制冷剂压缩、变热，可通过外盘中部的开口以气态形式释放。高温高压气态制冷剂从此处经油气分离器向冷凝器方向流至空调压缩机接口。

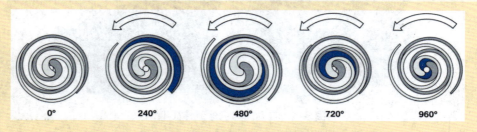

图5-4　电动压缩机内部结构/涡旋原理

5.1.3 电动压缩机电气系统

1 压缩机控制单元

电动压缩机控制单元位于制冷剂压缩机的壳体内，并通过LIN总线与空调系统控制单元（主控单元）相连。在低电压插头（见图5-5）内带有用于LIN总线、接地和12V供电（总线端30）的接口。电动空调压缩机电路结构见图5-6。

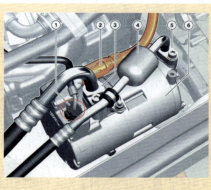

图 5-5　电动压缩机内部结构 / 插头和接口

①—低电压插头（LIN 总线，用于压缩机控制单元的 12V 电压）；②—高电压插头；
③—抽吸管路接口；④—消音器（用于隔绝噪声）；⑤—压力管路接口；⑥—电动制冷剂压缩机

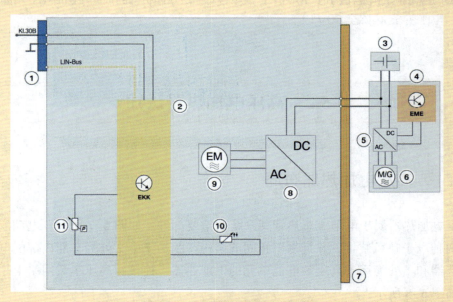

图 5-6　电动压缩机电气和电路结构

①—低电压插头；②—电动制冷剂压缩机（控制单元）；③—动力电池（高电压蓄电池）；④—电机控制单元；
⑤—驱动电机控制器内的双向 AC/DC 转换器；⑥—驱动电机；⑦—电动制冷剂压缩机上的高电压插头；
⑧—电动压缩机内的单向逆变器 DC/AC 转换器；⑨—三相交流同步电机；⑩—温度传感器；⑪—压力传感器

在制冷剂压缩机的壳体除了电控单元外还有逆变器。二者均被流过的制冷剂冷却。暖风和空调系统控制单元的请求在电子控制装置中予以分析。

2　电动压缩机交流同步电机

电动压缩机使用的是一个三相交流同步电机作为电动制冷剂压缩机的驱动装置，使用交流电压运行。逆变器将直流电压转换为交流电压。制冷剂压缩机中的电子控制装置根据主控单元的请求调节三相同步电动机的转速。三相同步电动机在一定的转速区间内运行（如 2000 ～ 8600r/min），转速可以无级调节。

3 交流电整流器

交流电整流器（DC/AC 转换器）将直流电压转换为用于驱动三相交流同步电机所需的三相交流电压。电动空调压缩机控制单元和 DC/AC 转换器集成在整个制冷剂压缩机的铝合金壳体内，通过流经的气态制冷剂进行冷却，压缩机控制单元根据其温度进行停机和启动运行。

> **举例说明：**
>
> 例如，宝马 EViX3(G08EV)DC/AC 转换器温度超过 125℃时，电动空调压缩机控制单元就会关闭高电压供电，通过提高转速用于自身冷却等各种措施可有效防止达到如此高的温度。因此，由电动空调压缩机控制单元进行温度监控。温度降至 112℃以下时，电动空调压缩机就会重新运行。
>
> 在 200 ~ 410V 的电压范围内为压缩机供电，高于和低于该电压范围时就会降低功率或关闭。
>
> 电动压缩机内的电容量小于 100 μF，该电容量通过压缩机内的被动电阻放电。电动压缩机关闭后，电压在 5s 内降至 60V 以下。

5.2 高压电加热器认知

5.2.1 高压电加热器布局

高压电加热器属于电动汽车热管理系统的重要部件。如图 5-7 所示，电动汽车上通常采用两种电子暖风装置，并且采用相同的结构。图 5-7 中 2 处为车厢内部的电子暖风装置加热器和 1 处为用于高压蓄电池单元的电加热器，连接在高压车载网络上。高压电加热器如图 5-8 所示。

图 5-7 高压电加热器外部特征／加热器布局
①—用于高压蓄电池单元的电加热器；②—用于车厢内部的电加热器（电子暖风装置）

低压插口

高压插口

图 5-8　高压电加热器外部特征 / 两款不同外形的电加热器

①—冷却液回流管路接口；②—电气加热装置输出端冷却液温度传感器；③—电位补偿导线接口；
④—信号插头（低电压插头）；⑤—传感器接口；⑥—高电压插头接口；⑦—加热器壳体；⑧—冷却液供给管路接口

如图 5-9 所示，高压电加热器通过内部加热线圈实现电加热功能。内部的几根加热线圈具有相同的功率，并且以相错位的方式通过脉冲宽度调制 PWM 实现时序控制，使加热功率在一定范围内无级调节。

图 5-9　高压电加热器内部结构 / 加热线圈

①—电位补偿导线接口；②—冷却液温度传感器；③—冷却液管路接口；
④—加热线圈；⑤—高压电接口；⑥—冷却液温度传感器接口；⑦—低压电接口

> **举例说明：**

　　例如，宝马纯电动汽车 iX3(G08EV) 热管理系统的高压电加热器，通过相错位的脉冲宽度调制，使加热功率可以在大约 550W（相当于 10%）和最高 5.5kW（相当于 100%）之间无级调节。

5.2.2 高压电加热器电气结构

（1）在高压电加热器内部，加热线圈的开关通过电子开关进行，会测量各条线路上的电流，并且通过控制单元实现控制。

（2）通过两个高压加热器的 LIN 总线连接发出加热请求。暖风和空调系统的控制单元与车辆内部空间的高压电加热器进行通信，而动力电池的电加热器则与集成式车载充电单元相连。电加热器出口处的电流消耗以及冷却液温度通过 LIN 总线传输（见图 5-10）。

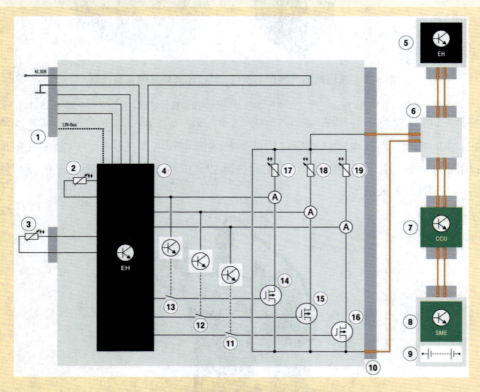

图 5-10　高压电加热器内部结构/电路结构

①—低压电插头；②—温度传感器（控制单元的电路板）；③—冷却液温度传感器；④—高压加热器（控制单元）；⑤—高压加热器；⑥—高压加热器的高压电分配器；⑦—集成式车载电源单元；⑧—动力电池管理器；⑨—动力电池；⑩—高压加热器的高压电接口；⑪—当加热线圈 3 内电流过高时硬件关闭；⑫—当加热线圈 2 内电流过高时硬件关闭；⑬– 当加热线圈 1 内电流过高时硬件关闭；⑭– 加热线圈 1 的电子开关；⑮– 加热线圈 2 的电子开关；⑯– 加热线圈 3 的电子开关；⑰– 加热线圈 1；⑱– 加热线圈 2；⑲– 加热线圈 3

（3）电加热器共用一个集成式车载充电高压电接口。它随着高压电导线分线，分别为两个电加热器单独供电。

（4）在电加热器内，高压电车载网络与低压电车载网络之间实现了电气分离。

（5）低压电插头上有 LIN 总线和供电（总线端 30B 和总线端 31）接口。

（6）电加热器和车身接地的壳体之间通过电位补偿导线实现电气连接。

5.3　热泵阀门单元认知

5.3.1　热泵阀门单元布局

　　热泵阀门单元是热泵热管理系统重要部件。在使用热泵热管理系统之前，电动汽车的热管理系统没有设计配置热泵阀门单元，而只是利用上述高压加热器来实施加热。现在装车使用的热管理系统一种是普通的热管理系统，另一种就是热泵热管理系统。目前，前者应用比较普遍，后者典型的有比亚迪 E3.0 平台（如海豚，图 5-11）、大众新能源 ID.4SX 车型（见图 5-12）。热泵阀门单元总成具体的几个阀体如图 5-13 和图 5-14 所示。

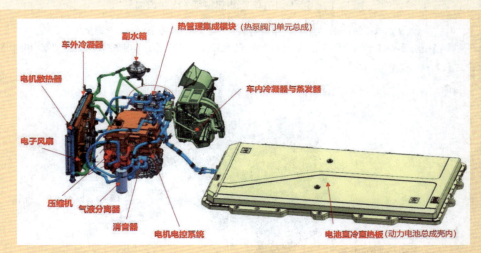

图 5-11　热泵阀门单元外部特征 / 热泵热管理系统部件（1）

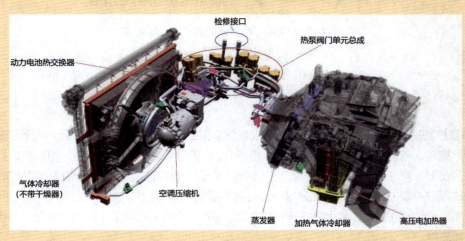

图 5-12　热泵阀门单元外部特征 / 热泵热管理系统部件（2）

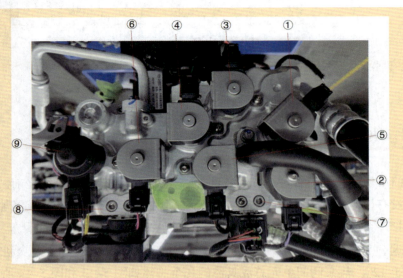

图 5-13 热泵阀门单元外部特征 / 比亚迪海豚

①—电池加热电磁阀；②—电池冷却电磁阀；③—空气换热电磁阀；④—水源换热电磁阀；
⑤—空调采暖电磁阀；⑥—空调制冷电磁阀；⑦—制冷电子膨胀阀；⑧—采暖电子膨胀阀；⑨—电池双向电子膨胀阀

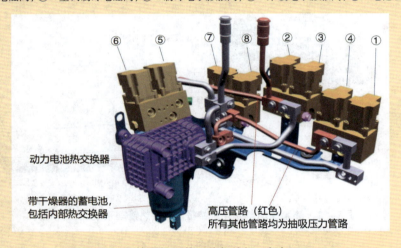

图 5-14 热泵阀门单元外部特征 / 大众 ID.4X

①—制冷剂膨胀阀 1；②—制冷剂膨胀阀 2；③—制冷剂膨胀阀 3；④—制冷剂断流阀 1；
⑤—制冷剂断流阀 2；⑥—制冷剂断流阀 3；⑦—制冷剂断流阀 4；⑧—制冷剂断流阀 5

📝 补充说明：

　　热泵热管理系统中，热泵比普通电动空调的高压加热器（PTC）能耗更低，从而可提升电动车续航里程。普通电动空调 PTC 加热采用 PTC 加热丝将电力转化为热量，再由鼓风机将热风送进乘员舱，其在低温环境下虽然制热效果相对较好，但电能消耗高，大幅减弱了续航里程。热泵加热通过冷媒在车外通过换热器吸热，并将热量送入车内的方式给车内供暖。相比于 PTC 加热方式，电能消耗要低，能大幅提升电动车续航里程。在配备热泵的车辆中，高压电加热器充当辅助加热器。

5.3.2 | 热泵阀门结构

1 制冷剂截止阀（断流阀）

制冷系统截止阀具有圆柱形针阀，它只有两种状态，即打开或关闭（见图5-15和图5-17）。

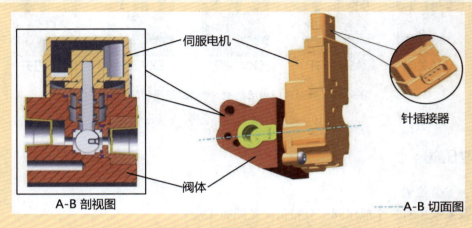

图 5-15　热泵阀门内部结构／电动膨胀阀（1）

2 膨胀阀

制冷系统电动膨胀阀则具有圆锥形针阀。针阀从阀座中移出距离越远，进入膨胀区的横截面就越大（见图5-16）。

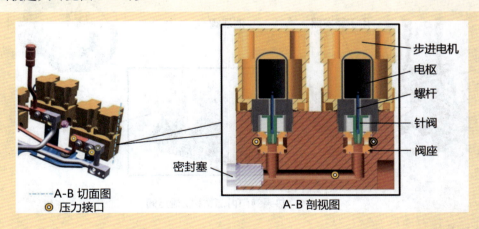

图 5-16　热泵阀门内部结构／电动膨胀阀（2）

※ 划重点：

步进电机通过阀门中的螺杆转动电枢，针阀的高度通过其内螺纹由旋转的螺杆进行调节。

第1章
第2章
第3章
第4章
第5章
第6章
第7章

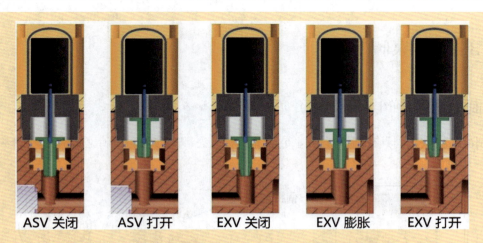

| ASV 关闭 | ASV 打开 | EXV 关闭 | EXV 膨胀 | EXV 打开 |

图5-17　热泵阀门内部结构／电动膨胀阀和截止阀

ASV—截止阀（断流阀）；EXV—膨胀阀

3　泄压阀

（1）安装位置。

热泵系统中有三个泄压阀，分布情况见图5-18。

1）高压侧的压缩机上。

2）用于蒸发器，位于低压侧的阀体上。

3）用于带干燥器的储液罐，同样位于低压侧的阀体上。

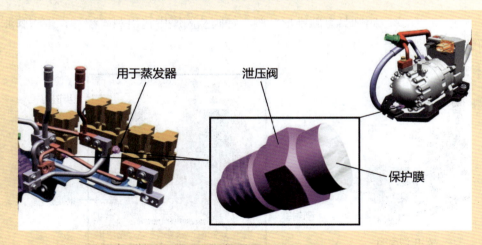

用于蒸发器　　泄压阀　　保护膜

图5-18　热泵阀门内部结构／泄压阀

（2）压力。

1）高压侧的泄压阀在大约160bar（最大170bar）的压力下打开，并在压力降低（大约150bar）时再次关闭。

2）低压侧的泄压阀在大约120bar（最大130bar）的压力下打开，并在压力降低（大约110bar）时再次关闭。

维修提示：

为了避免混淆泄压阀，它们具有不同的螺纹尺寸。

（1）高压侧的阀门具有 M12×1mm 的左旋螺纹。

（2）低压侧则具有 M14×1mm 的左旋螺纹。

保护膜可以保护泄压阀免受污染和免受潮。如果保护膜损坏，则必须更换泄压阀。

5.4　热交换器认知

5.4.1 热交换器布局

动力电池热交换器在电动汽车中通常叫"冷却器"。它安装于车身前部纵梁附件位置（见图 5-19）。热交换是在高电压组件的制冷剂循环回路和冷却液循环回路之间进行的。

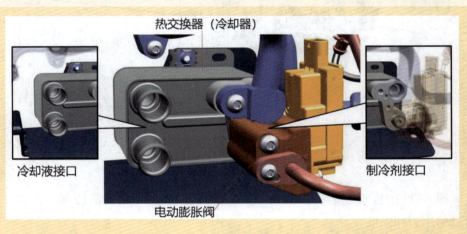

图 5-19　热交换器

通过将动力电池热交换器与电动膨胀阀组合使用，可以主动冷却高电压组件，例如牵引蓄电池、电驱动装置牵引电机、功率电子系统等。

维修提示：

在不同运行模式下必须对蓄电池进行冷却（如大众 ID.4X）。

（1）在充电且蓄电池温度高于 30℃时，会通过冷却器主动冷却。

（2）在行驶模式下，如果蓄电池温度高于 35℃，会通过冷却器主动冷却。

5.4.2 压力和温度传感器

采用 R134a 作为制冷剂的 ID.4X 具有一个截止阀、一个电动膨胀阀和一个高电压蓄电池热交换器。因此,制冷剂流量可以在汽车内部空间冷却系统和蓄电池冷却系统之间分配。为了能够通过高电压蓄电池热交换器满足高电压组件的所有冷却要求,必须将吸入侧的压力和温度作为调节系统的输入参数。因此,具有温度测量功能的第二压力传感器必不可少。

 举例说明:

如图 5-20 所示,大众 ID.4X 空调和热泵系统中装有五个压力和温度传感器的功能与内部结构都相同,但有三种不同的插头代码。

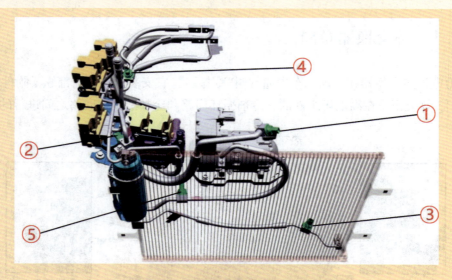

图 5-20 压力和温度传感器安装位置

(1)图 5-20 中传感器①:在冷却、加热和再加热的所有运行阶段都会直接探测压缩机出口处的压力和温度。

(2)图 5-20 中传感器②:在所有运行阶段都会直接探测带干燥器的部件(收集盘)入口处的压力和温度。

(3)图 5-20 中传感器③:在冷却和再加热运行阶段会探测前部气体冷却器出口处的温度。在热泵运行阶段,该传感器会探测前部气体冷却器入口前面的测量值。在不同的运行模式下,制冷剂的流动方向会发生变化。

(4)图 5-20 中传感器④:在冷却和再加热运行阶段会探测空调装置中蒸发器入口处的压力和温度。在热泵运行期间,流动方向再次切换,因此传感器会提供蒸发器出口处的相关数值。

(5)图 5-20 中传感器⑤:在所有运行阶段都会探测压缩机入口处的压力和温度。

5.5　热管理系统控制

5.5.1　整车热管理系统组成

1　各子系统

整车热管理系统包括空调热舒适性系统、动力电池加热冷却系统、电驱系统冷却、智能控制器和大屏主机冷却、补水排气系统、空气质量管理系统各子系统。图 5-21 所示为小鹏汽车某款电动汽车（四驱）的热管理系统。

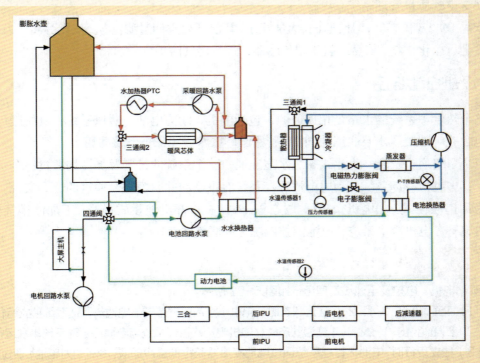

图 5-21　整车热管理系统

（1）空调热舒适性系统。

智能调节驾驶室内温度，夏季降温、冬季升温，春秋季除湿。依靠防雾传感器，热管理器控制智能切换内外循环，防止起雾，降低能耗。

（2）动力电池加热冷却系统。

使用一个四通阀（四通换向阀），两个三通阀（三通比例阀），实现电池和电机回路的串并联，从而实现余热回收和电池中温散热功能。高温时，依靠电池换热器，靠制冷剂给电池强制冷却。中温时，依靠四通阀将电池回路与电驱回路串联，通过前端低温散热器散热，可以节省电动压缩机功耗。低温时，依靠三通阀将低温散热器短路，电池和电机回路串联，回收电机余热给电池保温。超低温时，依靠三通阀，通过水－水换热器将电池回路加热，实现电池快速升温。

（3）电驱冷却系统。

依靠电动水泵驱动，通过低温散热器，依次给三合一、电机控制器、电机进行散热。

（4）智能控制器、大屏主机冷却。

通过温度及温升速率判断开启电机水泵，从电机回路分流一部分流量到智能控制器、大屏主机水冷板进行冷却，通过散热器或旁通进行散热。

（5）补水排气系统。

通过膨胀水壶与电池、电机、暖风回路连接，分别为三个回路补水，电池和电驱路共用一个分水箱排气，暖风回路用一个分水箱排气。

（6）空气质量管理系统。

依靠 PM2.5 传感器，时时监测、大屏显示，智能开启空调过滤空气；依靠等离子发生器，杀菌除尘、净化空气；依靠二氧化碳传感器，进行尾气防护。

2 冷却控制路径

整个热管理系统的水路是相连通的，包括电机、动力电池、暖风系统，其中暖风系统主要包含 PTC、暖风水泵、三通阀 2、管路、膨胀水壶（三个系统共用）。

三个系统通过三合一集成式膨胀水壶连通，三个系统的排气及加注均通过三合一水壶完成。其中电机冷却系统与动力电池温控系统有串联和并联模式，通过四通阀实现。如下情况采用串联模式：①电机余热回收模式；②LTR 冷却电池模式；③人工加注排气模式。其余情况下，电机冷却系统与电池温控系统为并联模式。

> **举例说明：**
>
> 驱动电机、电控及电池热管理运行如图 5-22 所示。
> （1）四通阀处于 1-4、2-3 连通状态时，电机电控热管理系统与电池热管理系统独立运行。
> （2）四通阀处于 1-2、3-4 连通状态时，电机电控热管理系统与电池热管理系统串联运行。
> （3）独立运行时，电池热管理系统通过电池换热器获得低温冷却液，冷却动力电池；通过水－水换热器获得高温冷却液，加热动力电池。
> （4）独立运行时，电机电控热管理系统通过散热器散热，实现电机电控系统和大屏主机的冷却。
> （5）串联运行，三通阀 1 处于 1-2 导通状态时，电机电控系统产生的热水导入电池热管理系统，加热动力电池；三通阀 1 处于 1-3 导通状态时，动力电池和电机电控系统的热量均通过散热器实现散热冷却。

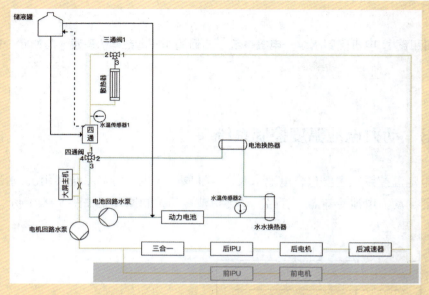

图 5-22　驱动电机、电控及电池热管理运行

5.5.2 | 驱动电机冷却系统

驱动电机冷却系统主要包含电机水泵、三通阀 1、低温散热器、水温传感器、管路。

VCU 判断驱动电机回路中某一器件温度过高则进入电机冷却，调节电机回路水泵转速、电子风扇转速，HVAC 调整三通阀 1 位置到散热器。开启温度值：当电机温度高于 75℃、IPU 高于 45℃、DC/DC 高于 60℃、OBC 高于 50℃时开启电机冷却系统，三通阀连通散热器。驱动电机冷却运行回路如图 5-23 所示。

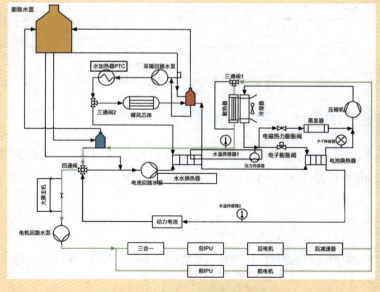

图 5-23　驱动电机冷却运行回路

> **维修提示：**
>
> 冷却回路为：电机回路水泵→电机系统→三通阀1→散热器/旁通→四通阀→电机回路水泵。

5.5.3 动力电池温度控制系统

动力电池温控系统主要包含电池水泵、四通阀（与电机冷却系统共用）、水温传感器、水水换热器、动力电池冷却器、管路。动力电池冷却控制原理见如图 5-24 所示。

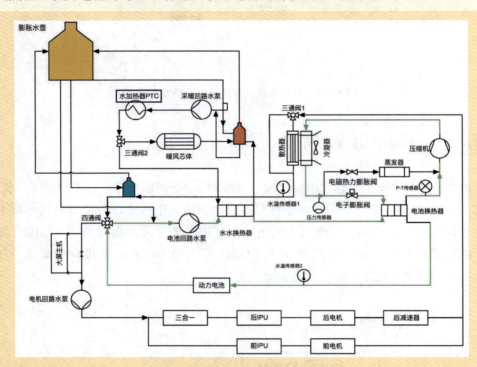

图 5-24 动力电池冷却控制原理

1 充电模式下的电池冷却控制机理

BMS 判断电池冷却需求，VCU 判断是否满足电池冷却的条件，HVAC 综合环境温度、电池回路水温、电机回路水温，判断使用压缩机冷却，从而驱动水阀、压缩机，发出水泵、风扇请求。

> **维修提示：**
>
> 充电模式下的电池冷却回路为：压缩机→冷凝器→电子膨胀阀→电池换热器→压缩机。

2　行车模式的电池冷却控制机理

VCU 判断是否满足电池冷却的条件，HVAC 综合环境温度、电池回路水温、电机回路水温，判断使用压缩机冷却，从而驱动水阀、压缩机，发出水泵、风扇请求。

> **维修提示：**
>
> 行车模式的动力电池冷却回路为：水泵→动力电池→水－水换热器→电池换热器。

3　充电模式下的电池加热控制机理

BMS 根据电池状态判断是否有加热需求，VCU 根据整车状态发送高压系统状态，HVAC 计算电池需求水温，开启 PTC、水泵进行加热。充电模式下的电池加热控制原理如图 5-25 所示。

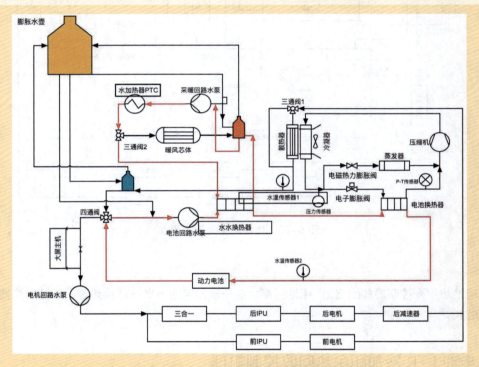

图 5-25　充电模式下的电池加热控制原理

> **维修提示：**
>
> 充电模式下的电池加热控制冷却回路说明如下。
>
> （1）回路 1：电池回路水泵→水－水换热器→电池换热器→动力电池→四通阀→电池回路水泵。
>
> （2）回路 2：采暖回路水泵→水加热 PTC →三通阀 2 →水－水换热器→采暖回路水泵。热量交换在水－水换热器中完成。

4　动力电池热平衡控制

电池电芯最高温度和最低温度之间差值过大，或电池回路水温与电池最高、最低温度差值过大，从而出现冷热冲击时，开启电池水泵进行电池热平衡。电池热平衡控制原理如图 5-26 所示。

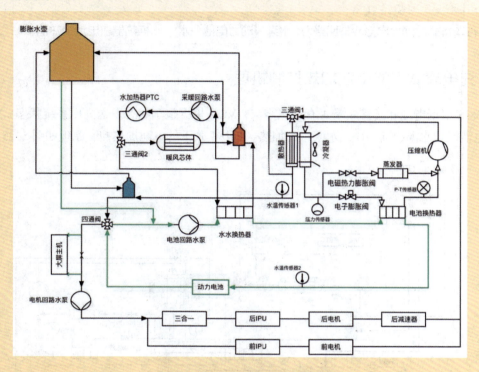

图 5-26　电池热平衡控制原理

✕ 划重点

电池热平衡控制冷却回路为：电池回路水泵→动力电池→水－水换热器→电池换热器→电池回路水泵。

5　电池 LTR 冷却和余热回收控制机理

电池 LTR 冷却和余热回收控制机理如图 5-27 所示。

（1）电池 LTR 冷却：环境温度在 25℃以下，电池温度较高时，切换到四通阀位置，将电池回路和电机回路串联，利用散热器给电池散热，达到节能的目的。

（2）电池预冷：电池温度即将达到冷却需求温度时，利用散热器预先对电池进行冷却。

（3）余热回收：电池温度较低、电机回路水温高于电池回路水温一定值时，将电池和电机回路串联，利用电机回路温度给电池加热，使电池处于适宜的工作温度，达到节能的目的。

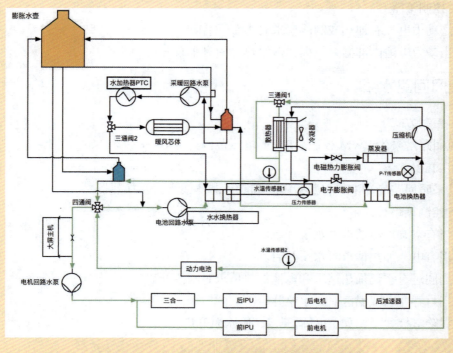

图 5-27　电池 LTR 冷却和余热回收控制机理

💡 维修提示：

　　冷却回路为：四通阀→电机回路水泵→电机系统→三通阀 1→散热器 / 旁通→四通阀→电池回路水泵→水 - 水换热器→电池换热器→动力电池→四通阀。

5.5.4 水泵控制

1 驱动电机回路水泵

（1）控制方式。

驱动电机回路水泵为 PWM 控制。

（2）控制策略。

1）电驱系统有散热请求时水泵开启。

2）热管理回路串联，进行热回收时水泵开启，此时转速和电池水泵转速相同。

3）电池有 LTR 冷却请求时水泵开启。

2 动力电池回路水泵

（1）控制方式。

动力电池回路水泵为 PWM 控制。

（2）控制策略。

1）当动力电池有加热或制冷请求时水泵开启。

2）当动力电池内部温差较大，需要热平衡时水泵开启。

3 暖风回路水泵

（1）控制方式。

暖风回路水泵为 PWM 控制。PWM 电压范围为 −5 ～ +5V。

（2）功能。

驱动采暖回路冷却液，将热量输送到暖风芯体或水 – 水换热器。

（3）控制策略。

1）当有空调加热请求时水泵开启。

2）当有电池加热请求时水泵开启。

3）当同时有空调加热请求和电池加热请求时水泵开启。

4）当打开左右双温区时，水泵开启。

5）在除雾模式下，如 PTC 需开启，则水泵开启。

5.6 电动空调维修和操作

5.6.1 拆装电动水泵

1 拆卸事项

（1）准备工作。

1）将车辆驶入举升机举升位置，启用驻车制动，整车电源处于 OFF 状态。

2）断开蓄电池负极。

3）举升车辆。

（2）拆卸发动机舱前下护板总成。

（3）拆卸左前车轮总成。

（4）排放暖风系统冷却液。

（5）拆卸电动水泵总成。

1）断开插接件 A（见图 5–28）。

2）断开水管 A、B 与电动水泵总成 C 的连接（见图 5–29）。

3）拆卸 2 颗固定螺栓 1，取下电动水泵总成 A（见图 5–30）。

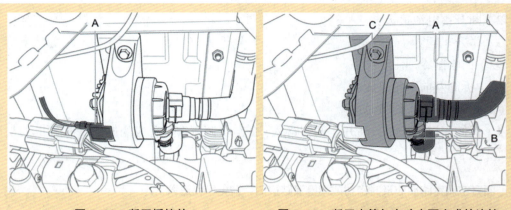

图 5-28　断开插接件　　　　图 5-29　断开水管与电动水泵完成的连接

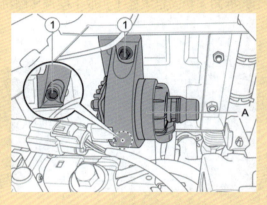

图 5-30　拆卸电动水泵总成

2　安装事项

（1）安装电动水泵。

1）放置并调整电动水泵到安装位置，安装固定螺栓并紧固。

2）连接水管到电动水泵总成。

3）连接插接件。

（2）加注暖风系统冷却液。

（3）安装左前车轮总成；安装发动机舱前下护板总成。降落车辆，连接蓄电池负极，启动车辆，检查暖风系统，应正常工作。

5.6.2　拆装电动压缩机

1　拆卸事项

（1）准备工作。

1）将车辆驶入举升机举升位置，启用驻车制动，整车电源处于 OFF 状态。

2）断开蓄电池负极。

3）举升车辆。

（2）回收制冷剂。

（3）拆卸左前车轮总成。

（4）拆卸空调压缩机总成。

1）拆卸固定螺栓①，断开空调管路 A、B 与空调压缩机总成的连接（见图 5-31）。

💡 维修提示：

断开空调管路后应及时密封或堵塞管路接口，避免异物进入。

2）断开插接件 A、B，拆卸 4 颗固定螺栓①，取下空调压缩机总成 C（见图 5-32）。

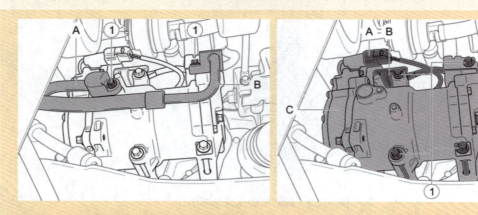

图 5-31　断开空调管路与空调压缩机的连接　　　　图 5-32　拆卸空调压缩机

①—固定螺栓；A、B—空调管路　　　　A—插接件；B—插接件；C—空调压缩机总成；①—固定螺栓

2　安装事项

（1）安装空调压缩机总成。

1）放置并调整空调压缩机总成到安装位置，安装固定螺栓并紧固，连接插接件。

2）连接空调管路到空调压缩机总成，安装固定螺栓并紧固。

💡 维修提示：

空调管路 O 形圈为一次性部件，每次安装需更新。

（2）安装左前车轮总成。

（3）加注制冷剂。

（4）降落车辆，连接蓄电池负极，启动车辆，检查空调制冷系统，应正常工作。

5.6.3　电动空调控制系统故障

电动空调控制系统故障见表 5-1。

表 5-1　电动空调控制系统故障列表

故障 / 诊断显示	故障生成 / 故障内容	可能故障原因	故障点
系统过电压 / 欠电压	电压大于 16V 或小于 9V，持续时间大于 3s	供电电压过高	检查供电
ECAN 关闭	3 次连续 Bus-off	CAN 线路故障	检查 CAN 线路
与 VCU 中断通信	VCU 报文连续丢失 10 个周期	（1）VCU 故障 （2）CAN 线路故障	检查 VCU 及 CAN 线路
与 BMS 中断通信	BMS 报文连续丢失 10 个周期	（1）BMS 故障 （2）CAN 线路故障	检查 BMS 及 CAN 线路
与 CGW 中断通信	CGW 报文连续丢失 10 个周期	（1）CGW 故障 （2）CAN 线路故障	检查 CGW 及 CAN 线路
左吹面温度传感器对地短路	ADC 输入电压 =0V，持续时间大于 3s	传感器故障，对地短路	检查传感器和线束
左吹面温度传感器断路、对电源短路	ADC 输入电压 ≥ 5V，持续时间大于 3s	传感器故障，对电源短路	检查传感器和线束
右吹面温度传感器对地短路	ADC 输入电压 =0V，持续时间大于 3s	传感器故障，对地短路	检查传感器和线束
右吹面温度传感器断路、对电源短路	ADC 输入电压 ≥ 5V，持续时间大于 3s	传感器故障，对电源短路	检查传感器和线束
左吹脚温度传感器对地短路	ADC 输入电压 =0V，持续时间大于 3s	传感器故障，对地短路	检查传感器和线束
左吹脚温度传感器断路、对电源短路	ADC 输入电压 ≥ 5V，持续时间大于 3s	传感器故障，对电源短路	检查传感器和线束
右吹脚温度传感器对地短路	ADC 输入电压 =0V，持续时间大于 3s	传感器故障，对地短路	检查传感器和线束
右吹脚温度传感器断路、对电源短路	ADC 输入电压 ≥ 5V，持续时间大于 3s	传感器故障，对电源短路	检查传感器和线束
蒸发器温度传感器对地短路	ADC 输入电压 =0V，持续时间大于 3s	传感器故障，对地短路	检查传感器和线束
蒸发器温度传感器断路、对电源短路	ADC 输入电压 ≥ 5V，持续时间大于 3s	传感器故障，对电源短路	检查传感器和线束
模式风门反馈对地短路	ADC 输入电压 =0V，持续时间大于 3s	电机故障，线束故障	检查电机和线束
模式风门反馈断路、对电源短路	ADC 输入电压 ≥ 5V，持续时间大于 3s	电机故障，线束故障	检查电机和线束

续表

故障/诊断显示	故障生成/故障内容	可能故障原因	故障点
左温度风门反馈对地短路	ADC 输入电压 =0V，持续时间大于 3s	电机故障，线束故障	检查电机和线束
左温度风门反馈断路、对电源短路	ADC 输入电压 ≥ 5V，持续时间大于 3s	电机故障，线束故障	检查电机和线束
右温度风门反馈对地短路	ADC 输入电压 =0V，持续时间大于 3s	电机故障，线束故障	检查电机和线束
右温度风门反馈断路、对电源短路	ADC 输入电压 ≥ 5V，持续时间大于 3s	电机故障，线束故障	检查电机和线束
新回风风门反馈对地短路	ADC 输入电压 =0V，持续时间大于 3s	电机故障，线束故障	检查电机和线束
新回风风门反馈断路、对电源短路	ADC 输入电压 ≥ 5V，持续时间大于 3s	电机故障，线束故障	检查电机和线束
模式风门控制回路开路	风门电机控制开路	电机故障，线束断路	检查电机和线束
模式风门控制回路过电流	风门电机控制短路	电机故障，线束短路	检查电机和线束
模式风门控制故障	风门位置与命令偏差大于 10%，持续时间大于 10s	电机故障，风门堵住	检查电机和空调箱
左温度风门控制回路开路	风门电机控制开路	电机故障，线束断路	检查电机和线束
左温度风门控制回路过电流	风门电机控制短路	电机故障，线束短路	检查电机和线束
左温度风门控制故障	风门位置与命令偏差大于 10%，持续时间大于 10s	电机故障，风门堵住	检查电机和空调箱
右温度风门控制回路开路	风门电机控制开路	电机故障，线束断路	检查电机和线束
右温度风门控制回路过电流	风门电机控制短路	电机故障，线束短路	检查电机和线束
右温度风门控制故障	风门位置与命令偏差大于 10%，持续时间大于 10s	电机故障，风门堵住	检查电机和空调箱
新回风风门控制回路开路	风门电机控制开路	电机故障，线束断路	检查电机和线束
新回风风门控制回路过电流	风门电机控制短路	电机故障，线束短路	检查电机和线束
新回风风门控制故障	风门位置与命令偏差大于 10%，持续时间大于 10s	电机故障，风门堵住	检查电机和空调箱
鼓风机电压反馈对地短路	ADC 输入电压等于 0V，持续时间大于 3s	鼓风机故障，FET 调速模块故障	检查传感器和线束

续表

故障 / 诊断显示	故障生成 / 故障内容	可能故障原因	故障点
鼓风机电压反馈断路、对电源短路	ADC 输入电压大于或等于 5V，持续时间大于 3s	鼓风机故障，FET 调速模块故障	检查传感器和线束
鼓风机电压反馈不匹配	控制与反馈不匹配大于 10%，持续时间超过 3s	鼓风机故障，FET 调速模块故障	检查 FET 调速模块和鼓风机
车内温度传感器对地短路	ADC 输入电压等于 0V，持续时间大于 3s	传感器故障，对地短路	检查传感器和线束
车内传感器断路、对电源短路	ADC 输入电压大于或等于 5V，持续时间大于 3s	传感器故障，对电源短路	检查传感器和线束
环境温度传感器对地短路	ADC 输入电压等于 0V，持续时间大于 3s	传感器故障，对地短路	检查传感器和线束
环境温度传感器断路、对电源短路	ADC 输入电压大于或等于 5V，持续时间大于 3s	传感器故障，对电源短路	检查传感器和线束
PM2.5 传感器故障	PWM 反馈不在范围，持续时间大于 10s	传感器故障	检查传感器和线束
左阳光传感器对地短路	ADC 输入电压等于 0V，持续时间大于 3s	传感器故障	检查传感器和线束
右阳光传感器对地短路	ADC 输入电压等于 0V，持续时间大于 3s	传感器故障	检查传感器和线束
等离子发生器故障	等离子反馈与控制不匹配，持续时间大于 10s	传感器故障	检查传感器和线束
1 号出风口电机过温	电机过温	电机故障	检查电机
1 号出风口电机电气故障	电机电气故障	电机故障	检查电机
1 号出风口电机电压故障	电机电压过电压、欠电压	电机故障	检查电机
1 号出风口电机控制故障	电机连续异常堵转超过 3 次	出风口堵住	检查风道
1 号出风口电机通信错误	Lin 从节点无反馈或反馈通信错误，大于 3s	电机故障，LIN 通信故障	检查电机和线束
2 号出风口电机过温	电机过温	电机故障	检查电机
2 号出风口电机电气故障	电机电气故障	电机故障	检查电机
2 号出风口电机电压故障	电机电压过电压、欠电压	电机故障	检查电机
2 号出风口电机控制故障	电机连续异常堵转超过 3 次	出风口堵住	检查风道
2 号出风口电机通信错误	Lin 从节点无反馈或反馈通信错误，大于 3s	电机故障，LIN 通信故障	检查电机和线束

第 1 章

第 2 章

第 3 章

第 4 章

第 5 章

第 6 章

第 7 章

续表

故障/诊断显示	故障生成/故障内容	可能故障原因	故障点
3号出风口电机过温	电机过温	电机故障	检查电机
3号出风口电机电气故障	电机电气故障	电机故障	检查电机
3号出风口电机电压故障	电机电压过电压、欠电压	电机故障	检查电机
3号出风口电机控制故障	电机连续异常堵转超过3次	出风口堵住	检查风道
3号出风口电机通信错误	Lin从节点无反馈或反馈通信错误，大于3s	电机故障，LIN通信故障	检查电机和线束
4号出风口电机过温	电机过温	电机故障	检查电机
4号出风口电机电气故障	电机电气故障	电机故障	检查电机
4号出风口电机电压故障	电机电压过电压、欠电压	电机故障	检查电机
4号出风口电机控制故障	电机连续异常堵转超过3次	出风口堵住	检查风道
4号出风口电机通信错误	Lin从节点无反馈或反馈通信错误，大于3s	电机故障，LIN通信故障	检查电机和线束
5号出风口电机过温	电机过温	电机故障	检查电机
5号出风口电机电气故障	电机电气故障	电机故障	检查电机
5号出风口电机电压故障	电机电压过电压、欠电压	电机故障	检查电机
5号出风口电机控制故障	电机连续异常堵转超过3次	出风口堵住	检查风道
5号出风口电机通信错误	Lin从节点无反馈或反馈通信错误，大于3s	电机故障，LIN通信故障	检查电机和线束
6号出风口电机过温	电机过温	电机故障	检查电机
6号出风口电机电气故障	电机电气故障	电机故障	检查电机
6号出风口电机电压故障	电机电压过电压、欠电压	电机故障	检查电机
6号出风口电机控制故障	电机连续异常堵转超过3次	出风口堵住	检查风道
6号出风口电机通信错误	Lin从节点无反馈或反馈通信错误，大于3s	电机故障，LIN通信故障	检查电机和线束
7号出风口电机过温	电机过温	电机故障	检查电机

续表

故障 / 诊断显示	故障生成 / 故障内容	可能故障原因	故障点
7 号出风口电机电气故障	电机电气故障	电机故障	检查电机
7 号出风口电机电压故障	电机电压过电压、欠电压	电机故障	检查电机
7 号出风口电机控制故障	电机连续异常堵转超过 3 次	出风口堵住	检查风道
7 号出风口电机通信错误	Lin 从节点无反馈或反馈通信错误，大于 3s	电机故障，LIN 通信故障	检查电机和线束
8 号出风口电机过温	电机过温	电机故障	检查电机
8 号出风口电机电气故障	电机电气故障	电机故障	检查电机
8 号出风口电机电压故障	电机电压过电压、欠电压	电机故障	检查电机
8 号出风口电机控制故障	电机连续异常堵转超过 3 次	出风口堵住	检查风道
8 号出风口电机通信错误	Lin 从节点无反馈或反馈通信错误，大于 3s	电机故障，LIN 通信故障	检查电机和线束
AQS 通信错误	Lin 从节点无反馈或反馈通信错误，大于 3s	传感器故障，LIN 通信故障	检查传感器和线束
四通阀（C4WV1）位置丢失故障	水阀报错	阀件故障	检查阀件
四通阀（C4WV1）位置控制超时	水阀报错	阀件故障	检查阀件
四通阀（C4WV1）堵转错误	水阀报错	阀件故障	检查阀件
四通阀（C4WV1）命令错误	水阀报错	阀件故障	检查阀件
四通阀（C4WV1）自学习故障	水阀报错	阀件故障	检查阀件
四通阀（C4WV1）电机短路	水阀报错	阀件故障	检查阀件
四通阀（C4WV1）电机断路	水阀报错	阀件故障	检查阀件
四通阀（C4WV1）电机驱动过温	水阀报错	阀件故障	检查阀件
四通阀（C4WV1）通信错误	Lin 从节点无反馈或反馈通信错误，大于 3s	阀件故障，LIN 通信故障	检查阀件和线束

第 1 章
第 2 章
第 3 章
第 4 章
第 5 章
第 6 章
第 7 章

续表

故障/诊断显示	故障生成/故障内容	可能故障原因	故障点
三通阀（CDV1）位置丢失故障	水阀报错	阀件故障	检查阀件
三通阀（CDV1）位置控制超时	水阀报错	阀件故障	检查阀件
三通阀（CDV1）堵转错误	水阀报错	阀件故障	检查阀件
三通阀（CDV1）命令错误	水阀报错	阀件故障	检查阀件
三通阀（CDV1）自学习故障	水阀报错	阀件故障	检查阀件
三通阀（CDV1）电机短路	水阀报错	阀件故障	检查阀件
三通阀（CDV1）电机断路	水阀报错	阀件故障	检查阀件
三通阀（CDV1）电机驱动过温	水阀报错	阀件故障	检查阀件
三通阀（CDV1）通信错误	Lin从节点无反馈或反馈通信错误，大于3s	阀件故障，LIN通信故障	检查阀件和线束
三通阀（CDV2）位置丢失故障	水阀报错	阀件故障	检查阀件
三通阀（CDV2）位置控制超时	水阀报错	阀件故障	检查阀件
三通阀（CDV2）堵转错误	水阀报错	阀件故障	检查阀件
三通阀（CDV2）命令错误	水阀报错	阀件故障	检查阀件
三通阀（CDV2）自学习故障	水阀报错	阀件故障	检查阀件
三通阀（CDV2）电机短路	水阀报错	阀件故障	检查阀件
三通阀（CDV2）电机断路	水阀报错	阀件故障	检查阀件
三通阀（CDV2）电机驱动过温	水阀报错	阀件故障	检查阀件
三通阀（CDV2）通信错误	Lin从节点无反馈或反馈通信错误，大于3s	阀件故障，LIN通信故障	检查阀件和线束
电加热器内部故障	读取到错误	电加热器故障，LIN通信故障	检查PTC

故障 / 诊断显示	故障生成 / 故障内容	可能故障原因	故障点
电加热器外部故障	读取到错误	电加热器故障，LIN 通信故障	检查 PTC
电加热器通信丢失	Lin 从节点无反馈或反馈通信错误，大于 3s	电加热器故障，LIN 通信故障	检查 PTC 和线束
PT 传感器压力反馈对地短路	ADC 输入电压等于 0V，持续时间大于 3s	传感器故障，对地短路	检查传感器和线束
PT 传感器压力反馈对电源短路	ADC 输入电压大于或等于 5V，持续时间大于 3s	传感器故障，对电源短路	检查传感器和线束
PT 传感器温度反馈对地短路	ADC 输入电压等于 0V，持续时间大于 3s	传感器故障，对地短路	检查传感器和线束
PT 传感器温度反馈对电源短路	ADC 输入电压大于或等于 5V，持续时间大于 3s	传感器故障，对电源短路	检查传感器和线束
PT 传感器断路	ADC 输入电压等于 0V，持续时间大于 3s	传感器故障，对地短路	检查传感器和线束
EXV 开路故障	EXV 电机线圈开路故障	电子膨胀阀驱动故障，开路	检查电子膨胀阀和线束
EXV 堵转	EXV 堵转故障	电子膨胀阀驱动故障	检查电子膨胀阀
TXV 开路故障	TXV 线圈开路	热力膨胀阀故障，开路	检查热力膨胀阀和线束
TXV 驱动故障	TXV 过流故障	热力膨胀阀故障	检查热力膨胀阀
电动压缩机通信错误	电动压缩机通信超过 3s 无反馈	压缩机故障	检查压缩机和系统状态
电动压缩机高压过电压	读取到高压过电压故障	压缩机故障，高压供电故障	检查压缩机和系统状态
电动压缩机高压欠电压	读取到高压欠电压故障	压缩机故障，高压供电故障	检查压缩机和系统状态
电动压缩机逆变器过高温	读取到过高温故障	压缩机故障	检查压缩机和系统状态
电动压缩机逆变器过低温	读取到过低温故障	压缩机故障	检查压缩机和系统状态
电动压缩机短路故障	读取到压缩机短路故障	压缩机故障	检查压缩机和系统状态
电动压缩机过电流	读取到压缩机过电流故障	压缩机故障	检查压缩机和系统状态
电动压缩机电流传感器故障	读取到压缩机电流传感器故障	压缩机故障	检查压缩机和系统状态
电动压缩机启动故障	读取到压缩机启动故障	压缩机故障	检查压缩机和系统状态

第 1 章
第 2 章
第 3 章
第 4 章
第 5 章
第 6 章
第 7 章

续表

故障 / 诊断显示	故障生成 / 故障内容	可能故障原因	故障点
SBC 故障	读取到错误标志位或者 SPI 通信无响应	SBC 芯片故障	检查、更换控制盒
EXV 驱动芯片故障	读取到错误标志位或者 SPI 通信无响应	电子膨胀阀驱动故障	检查、更换控制盒
风门电机驱动芯片故障	读取到错误标志位或者 SPI 通信无响应	电机驱动芯片故障	检查、更换控制盒
除雾传感器湿度反馈对地短路	ADC 输入电压等于 0V，持续时间大于 3s	传感器故障，对地短路	检查传感器和线束
除雾传感器湿度反馈开路 / 对电源短路	ADC 输入电压大于或等于 5V，持续时间大于 3s	传感器故障，对电源短路	检查传感器和线束
除雾传感器玻璃温度反馈对地短路	ADC 输入电压等于 0V，持续时间大于 3s	传感器故障，对地短路	检查传感器和线束
除雾传感器玻璃温度反馈开路 / 对电源短路	ADC 输入电压大于或等于 5V，持续时间大于 3s	传感器故障，对电源短路	检查传感器和线束
除雾传感器温度反馈对地短路	ADC 输入电压等于 0V，持续时间大于 3s	传感器故障，对地短路	检查传感器和线束
除雾传感器温度反馈开路 / 对电源短路	ADC 输入电压大于或等于 5V，持续时间大于 3s	传感器故障，对电源短路	检查传感器和线束
采暖水泵无反馈	没有检测到 PWM 输入信号，持续时间大于 3s	水泵故障，线束故障	检查水泵和线束
采暖水泵干转	检测到水泵干转，持续时间大于 3s	冷却液不足	检查冷却液液位
采暖水泵堵转或过电流	检测到水泵堵转或过电流，持续时间大于 3s	水泵故障	检查水泵状态
采暖水泵过温	检测到过温，持续时间大于 3s	水泵故障	检查水泵状态
采暖水泵转速过低	检测到水泵转速过低，持续时间大于 3s	水泵故障	检查水泵状态

第6章 减速器维修

6.1 减速器认知

6.1.1 减速器在车上布局

增程式插电混合动力汽车和纯电动汽车使用的都是减速器，因为它们都是驱动电机直接驱动车轮。减速器在整车的布局见图 6-1 和图 6-2。

💡 **维修提示：**

增程式混合动力汽车的发动机是用来驱动发电机给动力电池进行充电的设备，因为发动机并不直接驱动车轮，因此也不需要像传统燃油车那样的多速变速器。

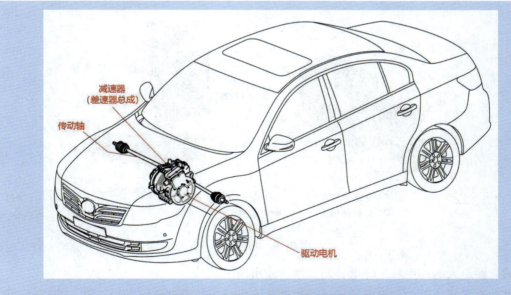

图 6-1 减速器外部特征 / 减速器结构布局

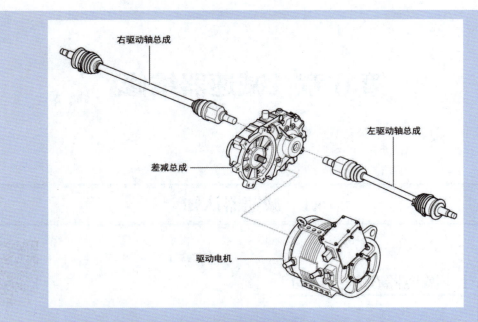

图 6-2　减速器外部特征 / 减速器

　　电动机的速度—转矩特性非常适合纯电动汽车驱动的需求，使得纯电动汽车的驱动系统不再需要多挡位的变速器，所以驱动系统结构得以大幅简化，在此情况下，便可以使用单速变速器（减速器）了。减速器见图 6-3。

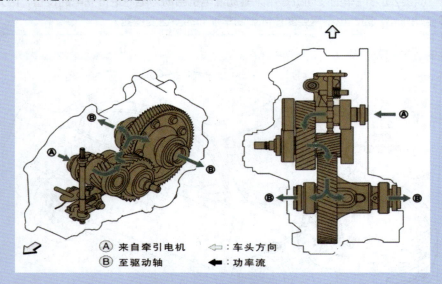

Ⓐ 来自牵引电机　　⇦：车头方向
Ⓑ 至驱动轴　　　　◀：功率流

图 6-3　减速器

　　减速器最大的作用就是降低转速，增大输出扭矩。

　　电动汽车减速器中传动系统通过电机调速、电机反转原理来驱动输入轴，改变转动的速度和方向，从而产生不同速比的行车挡和倒挡。当换挡操纵机构处于行车挡时，扭矩由驱动电机直接传送到减速器输入轴，然后扭矩通过输入轴齿轮传送到中间轴小齿轮和主减速从动齿轮，然后传送到驱动轴。在汽车启动后和行驶过程中，通过改变电机转速来改变汽车速度。

　　减速器将后驱动电机的驱动力通过齿轮机构传输到两侧后轮端，当汽车转弯行驶或在不平路面上行驶时，通过减速器使左右车轮以不同转速转动，即保证两侧驱动车轮做纯滚动运动。电动汽车减速器运行示意图见图 6-4。

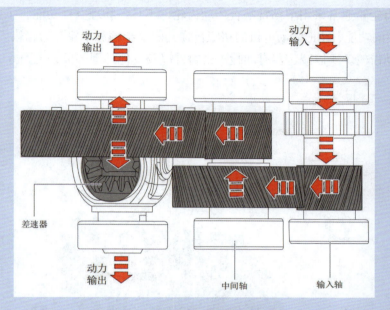

图 6-4　减速器运行示意图

　　减速器介于驱动电机和驱动半轴之间，驱动电机的动力输出轴通过花键直接与减速器输入轴齿轮连接（见图 6-5 和图 6-6）。一方面减速器将驱动电机的动力传给驱动半轴，起到降低转速增大扭矩的作用；另一方面满足汽车转弯及在不平路面上行驶时，左右驱动轮以不同的转速旋转，保证车辆的平稳运行。当车辆处在驻车挡时减速器会通过一套锁止装置，锁止减速器。

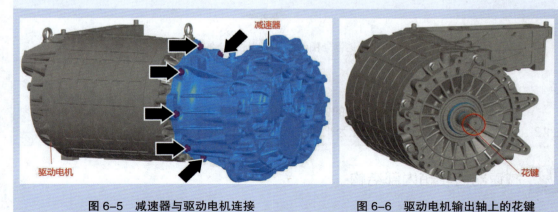

图 6-5　减速器与驱动电机连接　　　　**图 6-6　驱动电机输出轴上的花键**

6.1.2 | 减速器结构

1 减速器总成外围部件

减速器齿轮箱通常采用单挡常啮合传动齿轮，不具备物理空挡功能，主要实现降低转速、增加扭矩的功能，并把驱动电机的扭矩传递到驱动半轴和车轮。齿轮箱内部有润滑油，用于润滑传动齿轮。所以减速器有油封等密封件以及其他外围部件，见图6-7。

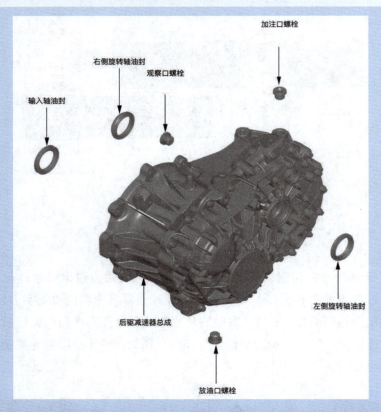

图6-7 减速器外围部件/在减速器上的安装部位

> **举例说明：**
>
> 电动汽车蔚来某款减速器齿轮箱的传动比为9.57。齿轮箱前电驱系统齿轮箱齿轮油容量为1.3L，后电驱系统齿轮箱齿轮油容量为1.1L。

2 减速器齿轮箱内部结构

（1）2挡减速器。

图6-8所示为一个电动机械式2挡减速器（齿轮结构就是手动变速器的原理）。驾驶

员只能通过选择驾驶模式间接影响换挡过程。为此控制单元控制换挡执行机构使其挂挡。变速器没有离合器或驻车锁功能。自动变速器执行驻车锁功能。

图 6-8　减速器齿轮箱内部结构 / 减速器（2 挡）

①—PLCD 传感器；②—换挡拨叉；③—变速器输入轴；④—1 挡齿轮组；
⑤—中间轴；⑥—差速器；⑦—通风装置；⑧—2 挡齿轮组；⑨—换挡执行机构

　　电机产生的扭矩通过结构连接方式传输至减速器输入轴。在此通过一个换挡啮合套接通第一挡或第二挡。随后通过相应齿轮组和一个中间轴将扭矩传输至差速器。差速器将扭矩分配给两个输出端并在两个驱动轮之间进行转速补偿。

　　换挡过程：由换挡执行机构在两个挡位间进行切换。它由一个 12V 直流电机和一个螺杆传动装置构成。螺杆传动装置将发动机的圆周运动转化为直线运动，从而移动换挡拨叉。

　　始终以无负荷状态进行换挡，为此在换挡前减小电机负荷。换挡执行机构脱开挡位后，根据切换的挡位调节电机转速。由控制单元调节转速和控制电机。随后换挡执行机构挂入新的挡位。只有 PLCD 传感器确认挂挡且控制单元调节过电机转速后，才会重新提高电机负荷。通常情况下，驾驶员都不会对整个换挡过程有所察觉。换挡执行机构或控制单元失灵时，换挡拨叉保持在当前位置处。

> **补充说明：**
>
> 　　PLCD 传感器：齿轮箱内部通过一个 PLCD 传感器（永磁线性非接触式位移）探测换挡拨叉的位置。PLCD 传感器主要由一个由软磁材料制成的特殊磁芯构成。整个磁芯上缠有一个线圈（初级线圈），磁芯两端各有一个较短的分析线圈，见图 6-9。

第 1 章

第 2 章

第 3 章

第 4 章

第 5 章

第 6 章

第 7 章

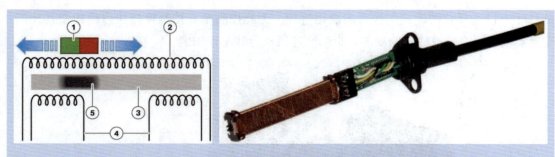

图 6-9　PLCD 传感器结构原理

①—永久磁铁（固定在换挡拨叉上）；②—初级线圈；③—磁芯；④—分析线圈；⑤—饱和区域

换挡拨叉上的永久磁铁造成局部磁饱和，从而对磁芯进行虚拟分隔。

如果为初级线圈提供适当交流电，分析线圈内就会根据饱和区域的位置产生相应电压。通过这种方式可确定磁芯虚拟部分的长度以及饱和区域的位置。由控制单元为传感器供电以及处理信号。由 PLCD 传感器为初级线圈提供所需的交流电压。

（2）单挡减速器。

如图 6-10 和图 6-11 所示为四轮驱动电动汽车上的前后减速器。

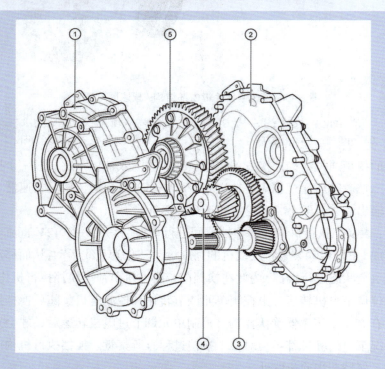

图 6-10　减速器齿轮箱内部结构 / 单挡减速器（前）

①—电机端壳体总成；②—变速器壳体总成；③—输入轴总成；④—输出轴总成；⑤—差速器总成

采用单挡减速器时，纯电动乘用车的动力性能完全取决于驱动电机，对驱动电机性能的要求较高，即要求驱动电机既能在恒转矩区提供较高的驱动转矩，又能在恒功率区提供较高的转速，以满足车辆加速、爬坡与高速行驶的要求。

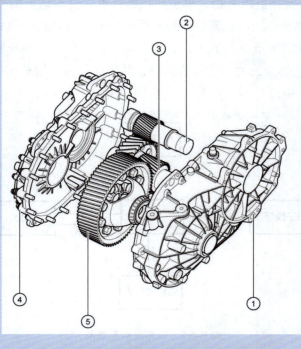

图 6-11　减速器齿轮箱内部结构 / 单挡减速器（后）

①—电机端壳体总成；②—输入轴总成；③—输出轴总成；④—减速器壳体总成；⑤—差速器总成

　　单级变速器（减速器）在电动汽车其实也有很多的弊端，但由于技术等原因，适配于电动汽车高速电机的变速器的生产并不容易。

　　单级变速器使电动机产生的扭矩输出可以说是一步到位，这样不间断的动力输出对起步加速有利，但不利于车辆的经济性与舒适性。目前市场上主要采用的依然还是单挡减速器，其原因主要是电机的特性与内燃机不同，驱动电机一般具有低速恒转矩和高速恒功率的特性，在很低的转速下就能产生很大的扭矩，不像内燃机车需要减速增扭来起步。

6.2　减速器电气控制与诊断

6.2.1 ｜ 减速器控制

　　驾驶员操作电子换挡器进入 P 挡，电子换挡器将驻车请求信号发送到整车控制器（VCU），VCU 结合当前驱动电机转速及轮速情况判断是否符合驻车条件。当符合条件时，VCU 发送驻车指令到 TCU，TCU 控制驻车电机进入 P 挡，锁止减速器。驻车完成后TCU 将收到减速器发出的 P 挡位置信号，并将此信号反馈给 VCU，完成换挡过程。

驾驶员操作电子换挡退出 P 挡，电子换挡器将解除驻车请求信号发送给整车控制器（VCU），VCU 结合当前驱动电机转速及转速情况判断是否满足解除驻车条件。当符合条件时，VCU 发送解除驻车指令到 TCU，TCU 控制电机解除 P 挡锁止减速器。解除驻车完成后 TCU 将收到减速器发出的挡位位置信号，并将此信号反馈给 VCU，完成换挡过程。驻车控制示意图见图 6-12。

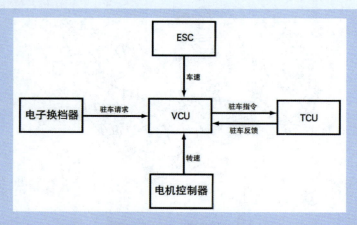

图 6-12　驻车控制示意图

维修提示：

单级变速器只有一个前进挡、一个空挡和一个驻车挡，无倒挡（倒挡靠驱动电机反转实现）。当车辆处在驻车挡时，减速器会通过一套锁止装置锁止减速器，见图 6-13。

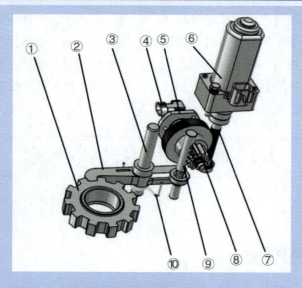

图 6-13　驻车机构

①—驻车棘轮；②—棘爪；③—棘爪销；④—角度传感器总成；⑤—角度传感器法兰盘；⑥—驻车电机总成；⑦—电机蜗杆；⑧—电机蜗轮组件；⑨—齿条组件；⑩—棘爪回位弹簧

TCU 控制减速器上的换挡电动机。驻车电机有一个编码器，输出一个代码用来确定驻车电机位置。TCU 接口通过汽车 CAN 总线接收来自其他车辆系统的信息（如驱动电机转速、车速、停车请求等）。TCU 接收相关的换挡条件和换挡请求，直接控制驻车电机驱动棘爪扣入或松开棘轮，达到驻车或解除驻车功能。减速器控制器控制原理示意图见图 6-14。

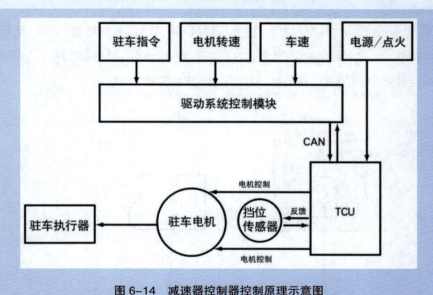

图 6-14　减速器控制器控制原理示意图

6.2.2 换挡电机故障

1　减速器换挡条件

（1）驻车换挡驻车条件。

1）无普通编码器故障。

2）无电机开路、对地短路、对电源短路等故障。

3）供电电压在 14V 左右。

4）上一次换挡过程已完成。

5）接收到 VCU 的锁止请求。

6）车速小于 5km/h。

（2）驻车换挡解除驻车条件。

1）无普通编码器故障。

2）无电机开路、对地短路、对电源短路故障。

3）供电电压在 14V 左右。

4）上一次换挡过程已完成。

5）接收到 VCU 的解锁请求。

6）车轮未发生滑移。

2 换挡电机故障检测

> **举例说明：**
>
> 如下图 6-15 和图 6-16 所示为 2019 年款帝豪 GS 减速器控制电路。换挡电机存在故障执行故障诊断时，通常会显示编码器位置无效、编码器对地短路、换挡电机开路、换挡电机对电源短路、换挡电机对地短路等故障信息。需要结合该电路图解决问题。

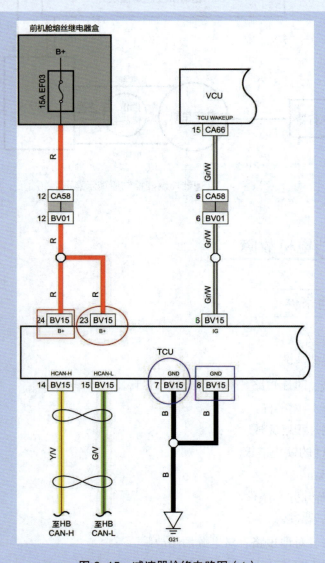

图 6-15　减速器检修电路图（1）

（1）检测减速器控制器（TCU）电源电路。

检测要点：执行车辆下电程序，断开 TCU 线束插接器，然后执行车辆上电程序。按照表 6-1、参考电路图来检测其电路。如果不符合应测得结果，那么维修或更换线束。如果线束正常，则检查控制电路。

表 6-1　检测减速器控制器（TCU）电源电路

检查的零部件			万用表 / 表笔探测的两端子		检测条件	状态	应测得结果
连接器	代号	图示	红表笔连接	黑表笔连接			
减速器控制器 TCU 线束连接器	BV15	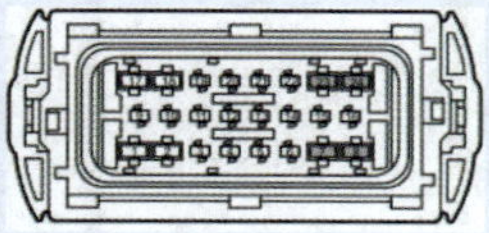	VB15/23	VB15/7	上电	电压	14V 左右
			VB15/24	VB15/8	上电	电压	14V 左右

（2）检查换挡电机控制线路。

检测要点：执行车辆下电程序，断开 TCU 线束插接器和驻车电机线束连接器，然后执行车辆上电程序。按照表 6-2、参考电路图来检查其电路，如果不符合应测得结果，那么维修或更换线束。如果依然存在故障，那么要按照表 6-2 检查挡位电机位置信号电路。如果信号线路正常，那么问题就出在换挡电机或控制器上，应优先更换电机。如果更换电机后故障依然存在，那么更换控制器 TCU。

表 6-2　检查换挡电机控制线路

检查的零部件			万用表 / 表笔探测的两端子		检测条件	状态	应测得结果
插接器	代号	图示	红 / 黑表笔连接	黑 / 红表笔连接			
减速器控制器 TCU 线束插接器	BV15	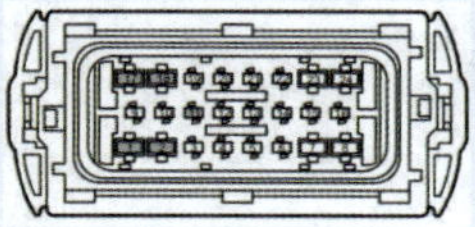	VB15/11	VB07/A	上电	电阻	小于 1Ω 左右
			VB15/18	VB07/D			
			VB15/17				
			VB15/1	VB07/E	上电	电阻	≥ 10kΩ
			VB15/2				
			VB15/11	车身接地			
驻车电机线束插接器	BV07	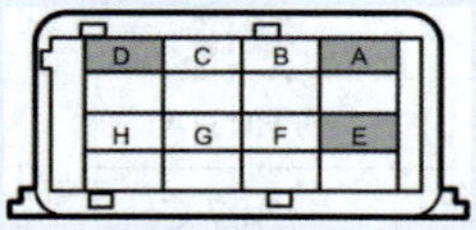	VB15/17	车身接地	上电	电阻	≥ 10kΩ
			VB15/18	车身接地			
			VB15/1	车身接地			
			VB15/2	车身接地			
			VB15/11	车身接地	上电	电压	0V
			VB15/17	车身接地			
			VB15/18	黑表笔连接			
			VB15/1	车身接地			
			VB15/2	车身接地			

第1章
第2章
第3章
第4章
第5章
第6章
第7章

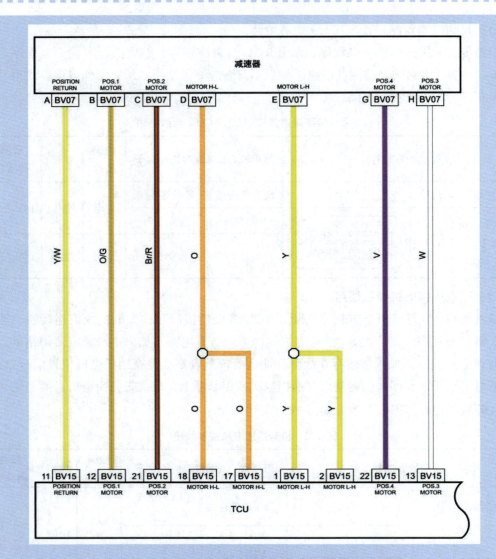

图6-16　减速器检修电路图（2）

（3）检查挡位电机位置信号电路（见表6-3）。

表6-3　挡位电机位置信号电路

检查的零部件			万用表/表笔探测的两端子		检测条件	状态	应测得结果
插接器	代号	图示	红/黑表笔连接	黑/红表笔连接			
减速器控制器TCU线束插接器	BV15		VB15/12	VB07/A	上电	电阻	小于1Ω左右
			VB15/21	VB07/C			
			VB15/22	VB07/G			
			VB15/13	VB07/H			

续表

检查的零部件			万用表／表笔探测的两端子		检测条件	状态	应测得结果
驻车电机线束插接器	BV07		VB15/12	车身接地	上电	电阻	≥10kΩ
			VB15/21	车身接地			
			VB15/22	车身接地			
			VB15/13	车身接地			

6.3　减速器维修与操作

6.3.1　分解减速器

（1）拆卸后盖总成固定螺栓，取下吊耳和支架（见图6-17）。

（2）取下后盖总成（见图6-18）。

（3）取下换挡轴总成（见图6-19）。

（4）取下驻车棘爪（见图6-20）。

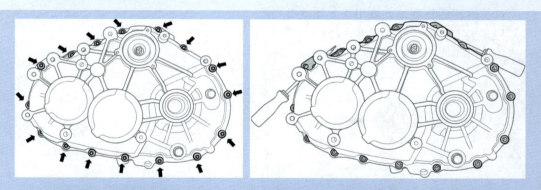

图6-17　后盖总成固定螺栓　　　　　图6-18　拆卸后盖总成

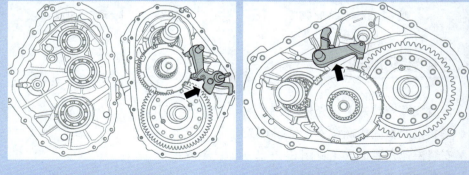

图6-19　拆卸换挡轴　　　　　图6-20　拆卸驻车棘爪

（5）取下回位弹簧（见图6-21）。

（6）取下驻车棘爪回转轴①（见图6-22）。

（7）拆卸输入轴②（见图6-22）。

（8）拆卸中间轴总成③（见图6-22）。

（9）拆卸差速器总成⑤（见图6-22）。

（10）拆卸挡油板固定螺栓④，并取下挡油板（见图6-22）。

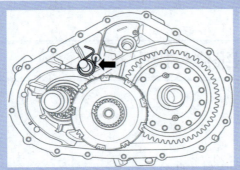

图6-21　拆卸回位弹簧

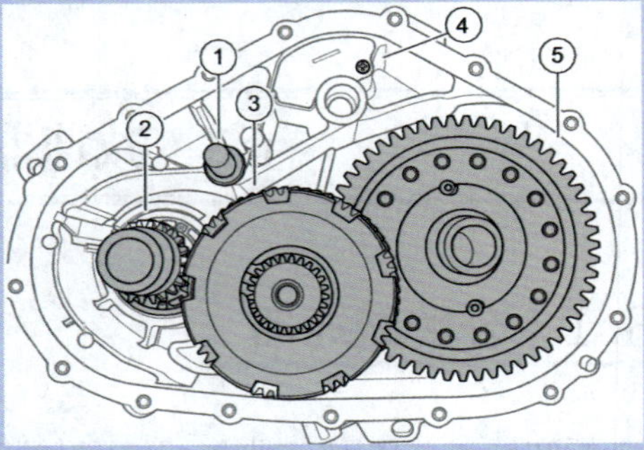

图6-22　拆卸挡油板

①—驻车棘爪回转轴；②—输入轴；③—中间轴总成；
④—挡油板固定螺栓；⑤—差速器总成

（11）拆卸通气塞，并取出（见图6-23）。

（12）取下壳体总成（见图6-24）。

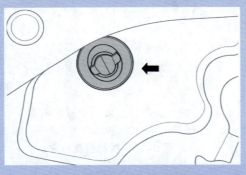
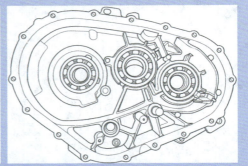

图6-23　拆卸通气塞

图6-24　拆卸壳体总成

6.3.2 | 装配减速器

（1）将通气塞安装并卡入壳体总成上。

（2）安装挡油板固定螺栓④（见图6-25）。

（3）安装差速器总成⑤（见图6-25）。

（4）安装中间轴总成③（见图6-25）。

（5）安装输入轴②（见图6-25）。

（6）安装驻车棘爪回转轴①（图6-25）。

（7）安装回位弹簧。

（8）安装驻车棘爪。

（9）安装换挡轴总成。

（10）安装后盖总成，紧固后盖总成固定螺栓，并装入吊耳和支架。

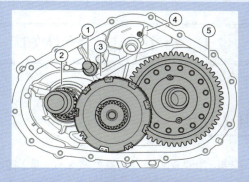

图6-25　安装驻车棘爪回转轴

①—驻车棘爪回转轴；②—输入轴；③—中间轴总成；④—挡油板固定螺栓；⑤—差速器总成

💡 **维修提示：**

　　安装后盖时，在后盖总成与壳体总成接触面均匀涂抹一层密封胶。

第7章 整车控制系统维修

7.1 整车控制系统认知

7.1.1 整车控制器功能

整车控制系统由整车控制器（见图7-1）和各关联系统（如高低压系统、网络系统）组成，如换挡操作机构、加速踏板等。整车控制器是电动汽车电动化整车控制系统的控制单元，类似传统发动机电脑，混合动力汽车中简称HCU，纯电动汽车中简称VCU。其硬件主要由外金属壳体和内部PCB电路板组成。

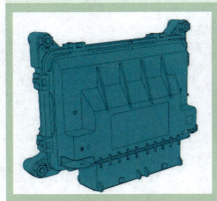

图7-1　整车控制器

7.1.2 整车控制系统主要电气件

整车控制器主要部件见表7-1。电动汽车电动化系统根据电压等级分类，可分为低压电气件和高压电气件；根据控制方式区分，可分为IO控制器件和CAN控制器件。

1 低压电气件

低压电气件分为低压传感器和低压执行器。

表 7-1 整车控制器主要部件说明

部 件	内部组成	功 能
低压传感器	加速踏板位置传感器	将加速踏板深度转化为电压信号
	挡位传感器	将挡位操作转化为电压信号变化
	制动开关	将是否制动转化为高低电平信号
	水温传感器	将冷却水温度转化为电压信号
	充电口温度传感器	将充电口温度转化为电压信号
	蓄电池电流传感器（EBS）	监控蓄电池电压、电流、电量等信息
低压执行器	水泵	循环防冻液
	散热风扇	对冷凝器进行散热
	充电指示灯 & 对外供电状态指示灯	显示充电 & 对外供电状态
	倒车灯	显示车辆处于倒车状态
	制动灯	显示车辆处于制动状态及彩蛋功能
	主动进气格栅（AGS）	控制进气与散热
高压电气件	动力电池包总成	高压电源
	高压配电盒	进行电源供电分配，保险防护
	车载电源	充电机：实现 220V 交流充电功能
		直流转换器：为低压器件供电，蓄电池充电
	电机控制器	将高压直流电转化为可供电机旋转的三相电
	驱动电机	驱动车辆行驶
	压缩机	空调制冷，电池冷却
	PTC 加热器	空调制热和电池加热

（1）低压传感器。

低压传感器有加速踏板位置传感器、挡位传感器、制动开关、水温传感器、充电口温度传感器、蓄电池电流传感器（EBS）。

（2）低压执行器。

低压执行器有水泵、散热风扇、充电口指示灯、倒车灯、制动灯、主动进气格栅（AGS）。

> 💡 维修提示：
>
> **主动进气格栅（AGS）通过改变进气格栅的开启和关闭来控制进气量及风阻。**
>
> 1）冷车状态时，格栅关闭，有利于驱动模块迅速进入最佳的温度状态。
>
> 2）格栅开启后，在散热的同时，能在一定程度上降低空气阻力。

2 高压电气件

高压电气件有动力电池包总成（电动电池）、高压配电盒、车载电源、电机控制器、驱动电机、压缩机、PTC 加热器。

右侧页边栏：第 1 章　第 2 章　第 3 章　第 4 章　第 5 章　第 6 章　第 7 章

7.1.3 | 整车控制器维修电路

车辆控制器主要由控制器主芯片、Flash 存储器和 RAM 存储器、CAN（控制器局域网）通信模块、串口通信模块、电源及保护电路模块等组成。整车控制器（电路板）见图 7-2。

图 7-2　整车控制器内部结构 / 电路板

整车控制器具体包括主控制芯片及其周围的时钟电路、复位电路、电源模块；数字信号处理电路，模拟信号处理电路，频率信号处理电路，通信接口电路。VCU 采集的开关信号包括钥匙信号、挡位信号、充电开关、制动信号等；VCU 采集的模拟量信号有加速踏板信号、制动踏板信号、动力电池电压信号等。这些信号电路通常在维修电路图中也能体现出来，与 VCU 插接器的引脚端子对应，整车控制器电路结构见检修电路图 7-3 和图 7-4，整车控制器引脚端子作用见表 7-2。

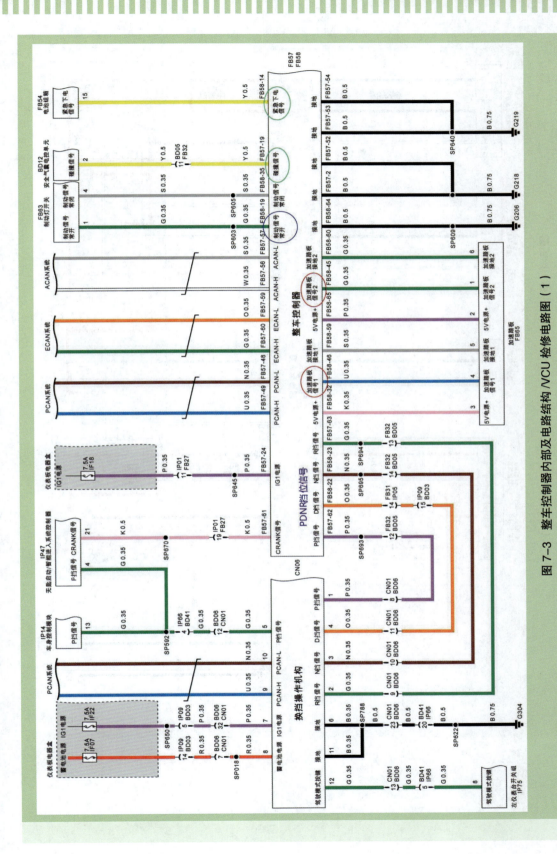

图 7-3　整车控制器内部及电路结构 VCU 检修电路图（1）

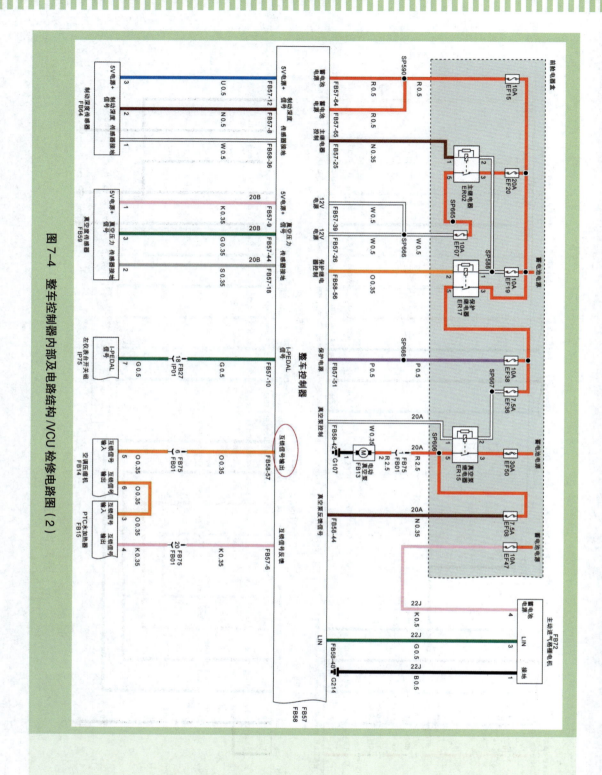

图 7-4　整车控制器内部及电路结构/VCU检修电路图（2）

198

表 7-2　整车控制器引脚端子作用

车身控制器	端子号	线别作用（端子定义）	端子号	线别作用（端子定义）
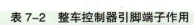	1	电子锁 +	39	12V 电源
	2	接地	44	真空压力信号
	3	电子锁 –	47	LIN2
	6	互锁信号反馈	48	PCAN–L
	8	制动深度信号	49	PCAN–H
	9	5V 电源 +	50	电子锁状态 2+
	10	I-PEDAL 信号	51	保护继电器反馈
	12	5V 电源 +	52	接地
	17	传感器接地	53	接地
	18	传感器接地	54	接地
	19	碰撞信号	56	ACAN–H
	20	水温信号	57	ACAN–L
	21	进水温度信号	59	ECAN–L
	22	L1 温度 +	60	ECAN–H
	24	IG1 电源	61	CRANK 信号
	25	主继电器控制	62	P 挡信号
	26	12V 电源	63	R 挡信号
	30	出水温度信号	64	蓄电池电源
	31	传感器接地	65	蓄电池电源
	5	电子风扇调速	44	电动真空泵反馈
	8	热管理阀控制	45	加速踏板信号 2
	12	电子锁状态 1+	46	加速踏板信号 1
	14	紧急下电信号	49	DC+ 温度信号
	16	电池电动水泵调速	50	DC– 温度信号
	19	制动信号常开	56	保护继电器控制
	22	D 挡信号	57	互锁信号输出
	23	N 挡信号	59	5V 电源 –
	30	电机电动水泵调速	60	5V 电源 –
	32	5V 电源 +	62	N 温度 +
	35	制动信号常闭	64	接地
	36	5V 电源 –	65	5V 电源 +
	42	电动真空泵控制		

第 1 章
第 2 章
第 3 章
第 4 章
第 5 章
第 6 章
第 7 章

7.2　整车控制系统控制和诊断

7.2.1 | 整车控制器硬件要求

整车控制器 VCU 作为电动汽车电动化系统大脑，其性能的好坏直接影响着各系统性能的发挥，是电动汽车整车性能好坏的决定因素之一。VCU 防水防尘等级 IP6K9K。工作温度在 –40℃到 85℃。暗电流小于 2mA 内。乘用车工作电压范围为 9 ~ 16V；商用车工作电压为 18 ~ 32V。对整车控制器的湿度、热冲击、盐雾、溶液性，尤其是防浸湿性、电磁干扰、机械冲击、振动等都有非常高的要求。

7.2.2 | 整车控制系统控制策略

1 核心控制

整车控制系统是电动汽车车辆控制系统的核心，它负责协调各控制系统的协同工作，为车辆的良好运行提供完善的控制逻辑。整车控制系统通过采集加速踏板信号、制动踏板信号及其他部件信号，监测车辆信息及驾驶员意图，并根据扭矩模型等算法做出相应判断后，控制各部件控制器及执行器的动作，驱动汽车正常行驶。

整车控制器（VCU）接收电动化系统各部件的信息，综合判断整车状态，实现多系统的协调控制。整车控制器关联控制见图 7-5。

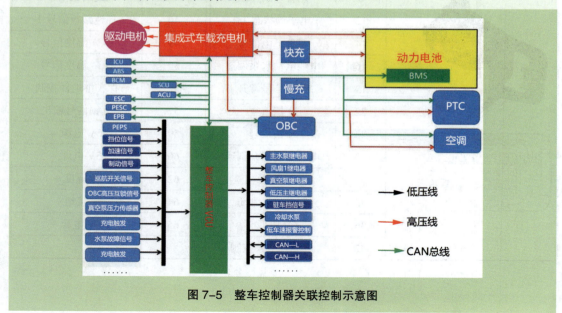

图 7-5　整车控制器关联控制示意图

VCU 通过 CAN 将控制信号传输给仪表，当启动开关置于 ON 时，唤醒 VCU 控制 M/C 继电器给电机控制器和动力电池控制器供电，VCU 通过 CAN 发送相关的控制命令完成整车系统启动。

整车控制器接到上电开关直流充电桩或车载充电机等这些唤醒信号后，会直接控制高压继电器吸合或者断开，从而完成高压系统的接通或断开。VCU 基于加速踏板、自动踏板、挡位信号和车速信号等来计算车辆的目标转矩，并通过 CAN 通信发送转矩需求指令给功率控制单元 PCU。

车辆在滑行或制动时，VCU 会根据 ABS 状态、动力电池状态和制动踏板的位置信号，来计算出能量回收转矩并发送指令给电机控制器 MCU，启动能量回收功能。

车辆在行驶状态下，VCU 根据驱动电机的温度、PCU 温度、电机控制器（IGBT）的温度、冷却液温度以及车速信号，发送 PWM 信号控制电子冷却水泵的转速。

在交流充电状态，VCU 根据冷却液的温度和车载充电机的温度发送 PWF 信号，控制电子冷却水泵的转速。在直流充电状态下，VCU 根据冷却液的温度发送 PWM 控制信号，控制电子冷却水泵的转速。当车辆发生碰撞或者是严重故障时，如绝缘故障、动力电池过温或过电压、驱动电机过温等，VCU 会切断高压回路上的继电器。

2　功能策略

整车控制系统主要功能包括：对汽车行驶控制的功能、整车的网络化管理、制动能量回馈控制、整车能量管理和优化、车辆状态的监测和显示、故障诊断与处理、外接充电管理等，它起着控制车辆运行的作用。

（1）对汽车行驶的控制。

新能源汽车的驱动电机必须按照驾驶员意图输出驱动或制动扭矩。当驾驶员踩下加速踏板或制动踏板时，动力电机要输出一定的驱动功率或再生制动功率。踏板开度越大，动力电机的输出功率越大。因此，整车控制器要合理解释驾驶员操作；接收整车各子系统的反馈信息，为驾驶员提供决策反馈；对整车各子系统发送控制指令，以实现车辆的正常行驶。

> **举例说明：**
>
> 当挂倒挡（R 挡）时，倒车信号就发送给整车控制器 VCU，再通过 CAN 总线传递给电机控制器 MCU，驱动电机控制器通过控制它内部的 6 个 IGBT 的开关顺序，改变输出的三相交流电 U、V、W 的相序，从而控制驱动电机反转，实现倒车。

（2）整车的网络化管理。

在整车网络管理中，整车控制器是信息控制的中心，负责信息的组织与传输、网络状态的监控、网络节点的管理以及网络故障的诊断与处理。

AVAS 通过 CAN 总线，从整车控制器获取相应的车速、挡位等信息，并回传给电机控制器（MCU），MCU 根据获取到的相应信息，通过音频处理将信号输入功放模块，功放输入信号经功放模块将信号放大输出后，驱动扬声器，发出相应模拟音。

（3）制动能量回馈控制。

新能源汽车以电动机作为驱动转矩的输出机构。电动机具有回馈制动的性能，此时电动机作为发电机，利用电动汽车的制动能量发电，同时将此能量存储在储能装置中。当满足充电条件时，将能量反充给动力电池。在这一过程中，整车控制器根据加速踏板和制动踏板的深度及动力电池的 SOC 值来判断某一时刻能否进行制动能量回馈。如果可以进行，整车控制器向电机控制器发出制动指令，回收部分能量。

（4）整车能量管理和优化。

在纯电动汽车中，动力电池除了给动力电机供电以外，还要给电动附件供电。因此，为了获得最大的续驶里程，整车控制器将负责整车的能量管理，以提高能量的利用率。在电池 SOC 值比较低的时候，整车控制器将对某些电动附件发出指令，限制电动附件的输出功率来增加续驶里程。

整车控制系统的热管理控制如下。

1）动力电池加热控制：动力电池在极冷环境中的充放电性能显著降低，影响了驾驶性能。整车控制系统控制模块，在极低温度下通过控制动力电池加热器，将动力电池加热到适当的温度，保证动力电池在极低温度下的充放电性能。

2）动力电池冷却控制：

a. 动力电池在充电和放电时产生热量，如果高温状况持续，动力电池将在很大程度上退化。

b. 当动力电池很热时，整车控制器（VCU）使用气候控制系统所用的制冷剂，请求热管理系统进行冷却，直到动力电池温度降至适当水平。

3）电动水泵控制：在运行过程中，电动汽车系统的高压部分由于高压充放电产生热量，整车控制器通过驱动电动水泵，使冷却液循环到高压部件，从而保持高压部件的适当工作温度。

4）冷却风扇控制：整车控制器依据车辆状况控制冷却风扇的运转速度，以提高电动汽车系统的可靠性和冷却 / 加热性能。

（5）车辆状态的监测和显示。

整车控制器应该对车辆的状态进行实时检测，并且将各个子系统的信息发送给车载信息显示系统，其过程是通过传感器和 CAN 总线，检测车辆状态及其各子系统状态信息，驱动显示仪表，将状态信息和故障诊断信息经过仪表显示出来。显示内容包括电机的转速、车速、电池的电量、故障信息等。电量表显示车辆动力电池剩余电量，并估算剩余电量的续驶里程。仪表显示如图 7-6 和表 7-3 所示。

图 7-6　组合仪表

①—功率表；②—时间；③—挡位；④—方位；⑤—车外温度；⑥—车速表；⑦—续驶里程；⑧—总里程；⑨—电量表

表 7-3　仪表显示指示灯

名　称	符　号		说　明
放电指示灯		绿色	正常放电
READY 指示灯	READY	绿色	绿色点亮表示车辆启动成功
经济模式指示灯	ECO	蓝色	蓝色点亮表示 ECO 模式启用成功
运动模式指示灯	SPORT	红色	红色点亮表示 SPORT 模式启用成功
12V 蓄电池充电系统指示灯		红色	红色点亮表示 12V 蓄电池系统存在故障： （1）当系统检测到 12V 蓄电池电压过低时，红色点亮，同时仪表板会显示"低压蓄电池电压过低"信息提示驾驶员。 （2）当系统检测到 12V 蓄电池有故障时，红色点亮，同时仪表板会显示"低压蓄电池故障"信息提示驾驶员
充电枪已连接指示灯		红色	红色点亮表示充电枪已连接成功 当连接充电枪给车辆充电时，红色点亮，同时仪表板会显示"充电枪已连接"信息提示
电动系统故障指示灯		红色	红色点亮表示车辆电动系统有故障 当车辆电动系统有故障时，红色点亮，同时仪表板会显示"电池过温，远离车辆，请联系维修""车辆跛行，请联系维修""车辆失去动力，安全停车，请联系维修"等信息及蜂鸣器鸣叫提示驾驶员，此时驾驶员应根据提示操作
电机及控制器过热指示灯		红色	红色点亮表示电机及控制器温度过高

续表

名　称	符　号		说　明
动力电池过热指示灯		红色	红色点亮表示动力电池温度过高
动力电池故障警告灯		红色	1）当整车电源挡位处于"OK"挡电时，此灯点亮。如果动力电池系统工作正常，则几秒钟后此灯熄灭。如果系统发生故障，此灯将再次点亮 2）如果发生下列任意一种情况，则表示由警告灯系统监控的部件发生故障： ① 当整车电源挡位处于"OK"挡电时，此灯持续点亮 ② 驾驶中此灯持续或偶然点亮
电机冷却液温度过高指示灯		红色	此警告灯长亮时表示电机冷却液温度过高，请停车冷却车辆
电池低电量提示灯		黄色	黄色点亮表示动力电池电量过低，同时仪表板会显示"续驶里程低，请及时充电"，提示驾驶员及时充电
驱动功率限制警告灯		黄色	当动力电池电量低，电机功率受到限制时，此警告灯点亮

（6）故障诊断与处理。

连续监视整车电控系统，进行故障诊断。故障指示灯指示出故障类别和部分故障码。根据故障内容，例如碰撞动力电池过温等，及时进行相应安全保护处理。对于不太严重的故障，能做到低速行驶到附近维修站进行检修。

📝 **补充说明：**

> 图 7-7 所示为碰撞原理示意图。当整车发生碰撞事故后，安全气囊控制器通过硬线和CAN 总线，将碰撞信号发给整车控制器和电池管理器。整车控制器接收到碰撞信号（碰撞CAN 信号优先级高于碰撞硬线信号）后，发送紧急下电指令和高压下电指令，电池管理器控制高压继电器动作，断开高压回路，整车控制器通知电机控制器进行主动放电。

1）安全气囊控制器收到碰撞传感器的碰撞信号后，分别输出碰撞硬线信号（PWM形式，高低电平与正常状态相反）和 CAN 信号发给整车控制器和电池管理器，同时碰撞硬线信号也发给整车控制器和电池管理器；碰撞硬线的形式为 PWM 信号，正常情况下，200ms 高电平，40ms 低电平；故障情况下，200ms 低电平，40ms 高电平，三个周期确认。

碰撞硬线和 CAN 总线诊断满足以下需求。

a. CAN 信号：整车控制器在收到 IG ON 报文后 1.5s 开始诊断安全气囊控制器来的碰撞 CAN 信号；电池管理器在收到 IG ON 报文 1.5s 后开始诊断安全气囊控制器发来的碰撞 CAN 信号。

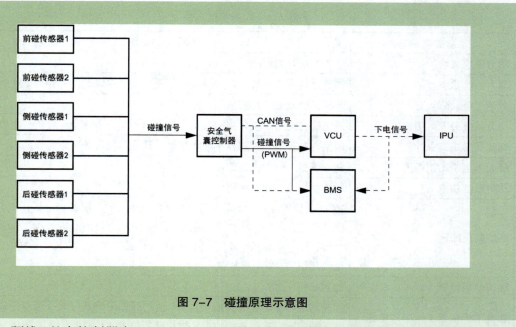

图 7-7　碰撞原理示意图

b. 硬线：整车控制器在 IG ON 后 1.5s 开始诊断安全气囊控制器发来的碰撞信号，电池管理器在收到 IG ON 后，1.5s 后开始诊断安全气囊控制器发来的碰撞信号。

2）整车控制器接收碰撞 CAN 信号和硬线信号，两种信号有一个为真，则认为碰撞发生；整车控制器同时收不到安全气囊控制器发来的 CAN 信号和硬线信号，则走正常高压下电流程。

3）整车控制器接收到碰撞信号为真，给 DCDC、HVAC、IPU 等高压控制器使能指令置 0，电机扭矩指令置 0，同时发送紧急高压下电指令和高压下电指令，并且需要将该故障存在 E 方里，需要 UDS 清除，否则不让再次上电。

4）电池管理器接收到安全气囊控制器碰撞硬线、CAN 信号、整车控制器的下高压指令、紧急下电 CAN 指令的碰撞信号的处理方式如下：

a. 整车控制器下高压指令和紧急下电标志，走紧急下电流程，在 100ms 内断开高压回路。

b. 如果 BMS 收到碰撞 CAN 信号或者碰撞硬线信号有一个为真，电池管理器最长等待 100ms，然后在 100ms 内主动断开高压回路；且电池管理器记录故障，需 UDS 清除，不清除不允许再次闭合继电器。

5）碰撞发生后，需要在 1min 内将电机控制器电容电压降到 60V 以下。

（7）外接充电管理。

实现充电的连接，监控充电过程，报告充电状态，充电结束。

3　整车控制器状态参数

除特殊注明外，表 7-4 参数的特定工况默认为车辆处于 READY 状态，挡位处于 P 挡。

表 7-4 实时参数列表

参数名称	定义 / 说明
动力系统就绪	动力系统是否就绪
动力系统状态	由于是纯电动系统，动力系统状态正常工作模式下，一般为 TM 驱动
车辆严重故障状态	车辆是否发生了严重故障，需要维修
动力系统最大可用扭矩	通过综合动力系统各项输入，计算得出的动力系统最大可用扭矩值
驾驶员扭矩需求	根据驾驶员的加速踏板等输入信息，计算驾驶员的扭矩需求
最大再生制动扭矩值	制动能量回收的扭矩值
动力系统功率	动力系统当前的功率值
系统复位原因	VCU 复位的原因：①未复位；②初始化低压；③预备状态低压；④巡航模式低压；⑤跛行回家模式低压；⑥保持模式低压；⑦通信复位；⑧ PFC 复位；⑨内核监视器复位；⑩ SFRAM 监视器复位；⑪ RTOS 复位；⑫其他内部原因；⑬用户复位
加速踏板位置	加速踏板位置
加速踏板位置 1 传感器电压	加速踏板有 2 个位置传感器，2 个值之间如果偏差过大，可双重确认驾驶员的实际需求，该参数表示加速踏板位置 1 传感器输入电压值
加速踏板位置 2 传感器电压	加速踏板有 2 个位置传感器，2 个值之间如果偏差过大，可双重确认驾驶员的实际需求，该参数表示加速踏板位置 2 传感器输入电压值
加速踏板传感器 1 供电电压	加速踏板有 2 个位置传感器，2 个值之间如果偏差过大，可双重确认驾驶员的实际需求，该参数表示加速踏板位置 1 传感器供电电压
加速踏板传感器 2 供电电压	加速踏板有 2 个位置传感器，2 个值之间如果偏差过大，可双重确认驾驶员的实际需求，该参数表示加速踏板位置 2 传感器供电电压
制动踏板位置	制动踏板位置
制动开关状态	制动开关的状态信号：①错误；②正确
制动开关 1 状态	制动开关 1 状态：①错误；②正确
制动开关 2 状态	制动开关 2 状态：①错误；②正确
蓄电池电压	蓄电池电压
巡航状态	表示巡航系统的状态信号：①关闭；②待命；③激活
巡航控制开关故障状态	表示巡航开关是否有故障，如有，故障的形式：①无故障；②无效；③检测到故障；④无效范围
点火开关状态	点火开关状态：①关闭；②点火状态—附件；③点火状态—运行；④点火状态—启动
能量回收模式（KERS）	表示能量回收模式：弱、中或者强
车辆驾驶模式	车辆驾驶模式：①默认；②经济模式；③常规模式；④山地模式
冷却风扇请求占空比	表示对空调系统冷却风扇请求的占空比
输入轴转速	表示 VCU 系统对 TM 电机需求的输入轴转速
输出轴转速	表示采集到的输出轴转速
PEB 冷却液温度	表示 PEB 冷却液温度信息

续表

参数名称	定义 / 说明
TM 电机的实际模式	表示 TM 电机的实际工作模式：①初始化；②预充电；③待命；④离线标定；⑤外部控制；⑥内部控制；⑦转矩控制；⑧电流控制；⑨电压控制；⑩下电过程；⑪预失效；⑫故障；⑬放电
实际 TM 电机扭矩	表示 TM 电机反馈的实际扭矩
TM 电机转速	表示 TM 电机转速
TM 电机实际可达到的最小扭矩	表示 TM 电机实际可达到的最小扭矩
TM 电机实际可达到的最大扭矩	表示 TM 电机实际可达到的最大扭矩
TM 电机过温状态	表示 TM 电机是否过温
TM 电机交流三相短路就绪状态	表示 TM 电机是否经过三相短路测试
TM 电机故障灯点亮状态	表示 TM 电机故障等状态
请求 TM 电机模式	表示 VCU 请求 TM 电机的工作模式：①待命；②离线标定；③转速外部控制；④转速内部控制；⑤转矩控制；⑥电流控制；⑦电压控制；⑧放电
请求 TM 电机扭矩	表示 VCU 请求 TM 电机的扭矩
请求 TM 电机转速	表示 VCU 请求 TM 电机的转速
实际 DC/DC 工作模式	实际 DC/DC 工作模式：①待命；②推进；③工作；④放电；⑤故障
实际 DC/DC 高压电流	实际 DC/DC 高压电流
实际 DC/DC 高压电压	实际 DC/DC 高压电压
实际 DC/DC 低压电流	实际 DC/DC 低压电流
实际 DC/DC 低压电压	实际 DC/DC 低压电压
直流转换器温度	表示 HVDC/DC 的内部温度
DC/DC 模式请求	表示 VCU 请求的 DC/DC 工作模式：①待命；②推进；③工作；④放电；⑤故障
高压绝缘电阻值	表示 BMS 测到的高压系统绝缘电阻值
高压电池剩余电量	表示高压电池包的 SOC
BMS 运行状态	表示高压电池包当前的运行状态：①上电；②行驶准备就绪；③行驶预充电；④行驶；⑤充电准备就绪；⑥充电中；⑦充电完成；⑧预充电；⑨碰撞；⑩充电平衡；⑪故障
高压电池主继电器状态	表示高压电池包主继电器是否吸合：①全开；②全闭；③数据处理中；④故障
高压电池电压	高压电池包的电压值
高压电池电流	表示高压电池包当前的电流值大小
高压电池包最大充 / 放电电流	表示高压电池包的充放电能力的参数
BMS 充 / 放电缓冲能力	表示高压电池包的充放电能力的参数
BMS 峰值充 / 放电功率	表示高压电池包的充放电能力的参数
高压电池可用的充 / 放电功率	表示高压电池包的充放电能力的参数

参数名称	定义 / 说明
高压电池包快充充电插头插入状态	表示检测到的快充口充电插头的状态
紧急下电请求	表示 VCU 判断动力系统是否出现故障，要求紧急下电
高压电池主继电器请求状态	表示 VCU 对高压电池包主继电器请求状态：打开或关闭
挡位	表示 SCU 反馈的挡位信号
巡航控制目标车速	表示巡航控制目标车速
车速	表示 SCS 反馈的车速信号
EPB 状态	表示 EPB 状态：①制动释放；②制动被应用；③故障
EPB 开关状态	表示 EPB 开关状态：①无；②释放状态；③拉起状态；④错误
空调压缩机实际功率	表示空调压缩机当前的实际功率
空调打开	表示空调当前的开启状态：①无；②1 级；③2 级；④3 级
环境温度	表示当前的环境温度
前舱盖打开状态	表示 BCM 反馈的前舱盖打开状态
空调压力	表示空调压力信号
空调压缩机功率限制	表示空调压缩机的功率限制
空调实际的制热功率	纯电动汽车发热采用发热电阻方式，该参数表示当前的空调制热功率
TM 电机冷却泵继电器控制电路状态	TM 电机冷却泵：①关闭；②打开；③故障
冷却风扇驱动电路状态	VCU 直接驱动冷却风扇的打开或关闭：①关闭；②打开；③延时关闭
点火状态	表示点火开关是否打开
启动状态	表示是否正在启动中
动力系统故障灯请求状态	表示是否需要点亮动力系统故障灯
BMS 车载充电器插头插上	表示是否插上车载充电器插头
动力系统最大拖曳扭矩	动力系统最大的拖拽扭矩值
快充口正极温度	快充口正负极各有一个温度传感器，用于监控快充时充电口的温度，当检测到温度过高时，系统会自动充电一段时间后关闭
快充口负极温度	快充口正负极各有一个温度传感器，用于监控快充时充电口的温度，当检测到温度过高时，系统会自动充电一段时间后关闭
TM 定子温度	表示 TM 反馈的定子温度
TM 逆变器温度	表示 TM 反馈的逆变器温度
远程启动请求	表示远程启动请求的状态
制动压力	表示 SCS 反馈的制动压力信号
车载充电器电子锁状态	车载充电器电子锁状态
重启详细原因	解释 VCU 重启的详细原因，每个数字代表不同的原因
电机冷却泵控制 PWM 占空比	电机冷却泵受 VCU 控制，并通过控制端 PWM 波形变化反馈当前冷却泵状态

第 1 章

第 2 章

第 3 章

第 4 章

第 5 章

第 6 章

第 7 章

7.2.3 | 整车控制系统诊断

1 整车控制系统故障列表

整车控制系统故障列表见表 7-5。

表 7-5　整车控制系统故障列表

故障 / 诊断显示	故障生成 / 故障内容	可能故障原因	故障点
系统过电压或欠电压	电压大于 16V 或小于 9V，持续时间大于 3s, 生产故障	供电电压过高 / 低	检查供电
ECAN 关闭	3 次连续 Bus-off	CAN 线路故障	检查 CAN 线路
CCAN 关闭	3 次连续 Bus-off	CAN 线路故障	检查 CAN 线路
ADCAN 关闭	3 次连续 Bus-off	CAN 线路故障	检查 CAN 线路
ADCAN 跛行	进入 limphome 状态 2000ms	CAN 线路故障	检查 CAN 线路
与 BMS 中断通信	任何一条被监测报文连续丢失 10 个周期	BMS 故障，CAN 线路故障	检查 BMS 及 CAN 线路
与 IPUR 中断通信	任何一条被监测报文连续丢失 10 个周期	IPUR 故障，CAN 线路故障	检查 IPUR 及 CAN 线路
与 DCDC 中断通信	任何一条被监测报文连续丢失 10 个周期	DC/DC 故障，CAN 线路故障	检查 DC/DC 及 CAN 线路
与 OBC 中断通信	任何一条被监测报文连续丢失 10 个周期	OBC 故障，CAN 线路故障	检查 OBC 及 CAN 线路
与 HVAC 中断通信	任何一条被监测报文连续丢失 10 个周期	HVAC 故障，CAN 线路故障	检查 HVAC 及 CAN 线路
与 IPUF 中断通信	任何一条被监测报文连续丢失 10 个周期	IPUF 故障，CAN 线路故障	检查 IPUF 及 CAN 线路
与 ESP 中断通信	任何一条被监测报文连续丢失 10 个周期	ESP 故障，CAN 线路故障	检查 ESP 及 CAN 线路
与 EPS 中断通信	任何一条被监测报文连续丢失 10 个周期	EPS 故障，CAN 线路故障	检查 EPS 及 CAN 线路
与 IBT 中断通信	任何一条被监测报文连续丢失 10 个周期	IBT 故障，CAN 线路故障	检查 IBT 及 CAN 线路
与 XPU 中断通信	任何一条被监测报文连续丢失 10 个周期	XPU 故障，CAN 线路故障	检查 XPU 及 CAN 线路
与 SCU 中断通信	任何一条被监测报文连续丢失 10 个周期	SCU 故障，CAN 线路故障	检查 SCU 及 CAN 线路
与 IMU 中断通信	任何一条被监测报文连续丢失 10 个周期	IMU 故障，CAN 线路故障	检查 IMU 及 CAN 线路
与 CGW 中断通信	任何一条被监测报文连续丢失 10 个周期	CGW 故障，CAN 线路故障	检查 CGW 及 CAN 线路
通信过电压	电压大于 18.5V，持续时间大于 3s	供电电压过高	检查供电
通信欠电压	电压小于 6.5V，持续时间大于 3s	供电电压过低	检查供电

续表

故障/诊断显示	故障生成/故障内容	可能故障原因	故障点
与 EBS 中断通信	任何一条被监测报文连续丢失 10 个周期	EBS 故障，LIN 线路故障	检查 EBS 及 LIN 线路
与 AGS 中断通信	任何一条被监测报文连续丢失 10 个周期	AGS 故障，LIN 线路故障	检查 AGS 及 LIN 线路
蓄电池过电压	电压大于 17V，持续时间大于 3s	供电电压过高	检查供电
蓄电池欠电压	电压小于 6.5V，持续时间大于 3s	供电电压过低	检查供电
VCU 下电故障	1s 超时未下电	发下电指令后，仍然有唤醒源未关断。如 CAN、LIN 仍然有	检查 VCU 的唤醒源
VCU 供电电源管理芯片 L9788 过温故障	L9788 温度大于 130℃，持续时间大于 120ms	VCU 芯片故障	更换 VCU
VCU 供电电源管理芯片 L9788 预供电过电压	VCU 芯片故障	VCU 芯片故障	更换 VCU
VCU 供电电源管理芯片 L9788 预供电欠电压	VCU 芯片故障	VCU 芯片故障	更换 VCU
加速踏板 1 传感器供电对电源短路	Track1 对电源短路持续 120ms	加速踏板 1 传感器供电对电源短路故障	检查加速踏板 1 传感器供电回路
加速踏板 1 传感器供电过电流或对地短路	Track1 过流或对地短路故障持续 120ms	加速踏板 1 传感器供电对地短路故障或者过电流故障	检查加速踏板 1 传感器供电回路
加速踏板 1 传感器供电过电压	Track1 供电电压过高故障持续 120ms	加速踏板 1 传感器供电回路故障	检查加速踏板 1 传感器供电回路
加速踏板 1 传感器供电欠电压	Track1 供电电压过低故障持续 120ms	加速踏板 1 传感器供电回路故障	检查加速踏板 1 传感器供电回路
加速踏板 2 传感器供电对电源短路	Track2 对电源短路持续 120ms	加速踏板 2 传感器供电对电源短路故障	检查加速踏板 2 传感器供电回路
加速踏板 2 传感器供电过电流或对地短路	Track2 过电流或对地短路故障持续 120ms	加速踏板 2 传感器供电对地短路故障或者过电流故障	检查加速踏板 2 传感器供电回路
加速踏板 2 传感器供电过电压	Track2 供电电压过高故障持续 120ms	加速踏板 2 传感器供电回路故障	检查加速踏板 2 传感器供电回路
加速踏板 2 传感器供电欠电压	Track2 供电电压过低故障持续 120ms	加速踏板 2 传感器供电回路故障	检查加速踏板 2 传感器供电回路
挡位传感器供电对电源短路	Track3 对电源短路持续 120ms	挡位传感器供电对电源短路故障	检查挡位传感器供电回路
挡位传感器供电过流或对地短路	Track3 过电流或对地短路故障持续 120ms	挡位传感器供电对地短路故障或者过电流故障	检查挡位传感器供电回路

续表

故障 / 诊断显示	故障生成 / 故障内容	可能故障原因	故障点
挡位传感器供电过电压	Track3 供电电压过高故障持续 120ms	挡位传感器供电回路故障	检查挡位传感器供电回路
挡位传感器供电欠电压	Track3 供电电压过低故障持续 120ms	挡位传感器供电回路故障	检查挡位传感器供电回路
主继电器驱动对地短路或开路	主继电器驱动对地短路或开路持续 120ms	VCU 主继电器短路到地或开路	检查 VCU 主继电器电路
主继电器驱动对地短路	主继电器驱动对地短路持续 120ms	VCU 主继电器短路到地	检查 VCU 主继电器电路
主继电器驱动对电源短路或过电流	主继电器驱动对电源短路或过电流持续 120ms	VCU 主继电器短路到电源	检查 VCU 主继电器电路
主继电器驱动故障（驱动与控制命令不一致）	驱动与控制命令不一致持续 120ms	VCU 主继电器短路到电源	检查 VCU 主继电器电路
水泵电源驱动对地短路	水泵电源驱动对地短路持续 120ms	VCU 水泵电源驱动对地短路	检查 VCU 水泵电源控制回路
水泵电源对电源短路或过电流	水泵电源对电源短路或过电流持续 120ms	VCU 水泵电源对电源短路或过电流	检查 VCU 水泵电源控制回路
水泵电源驱动开路	水泵电源驱动开路持续 120ms	VCU 水泵电源驱动开路	检查 VCU 水泵电源控制回路
水泵电源驱动故障（驱动与控制命令不一致）	水泵驱动与控制命令不一致持续 120ms	VCU 水泵控制器驱动电路故障	检查 VCU 水泵电源控制回路
风扇转速控制对电源短路或过电流	风扇转速控制对电源短路或过流持续 11s	风扇转速请求电路到电源	检查风扇转速请求电路
风扇转速控制对地短路	风扇转速控制对地短路持续 11s	风扇转速请求电路到地	检查风扇转速请求电路
风扇转速控制开路	风扇转速控制开路持续 11s	风扇转速请求电路开路	检查风扇转速请求电路
风扇转速控制故障（驱动与控制命令不一致）	风扇驱动与控制命令不一致持续 11s	风扇转速请求电路驱动故障	检查风扇转速请求电路
风扇供电控制继电器对地短路	风扇供电控制继电器对地短路持续 120ms	风扇供电电路短路到地	检查风扇继电器开控制电路
风扇供电控制继电器对电源短路或过电流	风扇供电控制继电器对电源短路或过电流持续 120ms	风扇供电电路短路到电源或过电流	检查风扇继电器开控制电路
风扇供电控制继电器开路	风扇供电控制继电器开路持续 120ms	风扇供电电路开路	检查风扇继电器开控制电路
风扇供电控制继电器故障（驱动与控制命令不一致）	风扇供电驱动与控制命令不一致持续 120ms	风扇供电驱动故障	检查风扇继电器开控制电路

续表

故障／诊断显示	故障生成／故障内容	可能故障原因	故障点
电驱回路水泵转速请求控制电路对电源短路或过电流	电驱回路水泵转速请求控制电路对电源短路或过电流持续 5s	电驱回路水泵转速请求控制电路对电源短路或过电流	检查电驱回路水泵转速请求控制回路
电驱回路水泵转速请求控制电路对地短路	电驱回路水泵转速请求控制电路对地短路持续 5s	电驱回路水泵转速请求控制电路对地短路	检查电驱回路水泵转速请求控制回路
电驱回路水泵转速请求控制电路开路	电驱回路水泵转速请求控制电路对开路持续 5s	电驱回路水泵转速请求控制电路开路	检查电驱回路水泵转速请求控制回路
电驱回路水泵转速控制故障（驱动与控制命令不一致）	电驱回路水泵与控制命令不一致持续 5s	电驱回路水泵转速请求电路驱动故障	检查电驱回路水泵转速请求控制回路
电池回路水泵转速请求控制电路对电源短路或过电流	电池回路水泵转速请求控制电路对电源短路或过电流持续 5s	电池回路水泵转速请求控制电路对电源短路或过电流	检查电池回路水泵转速请求控制回路
电池回路水泵转速请求控制电路对地短路	电池回路水泵转速请求控制电路对地短路或者开路持续 5s	电池回路水泵转速请求控制电路对地短路	检查电驱回路水泵转速请求控制回路
电池回路水泵转速请求控制电路开路	电池回路水泵转速请求控制电路开路持续 5s	电池回路水泵转速请求控制电路开路	检查电池回路水泵转速请求控制回路
电池回路水泵转速控制故障（驱动与控制命令不一致）	电驱回路水泵与控制命令不一致持续 5s	电池回路水泵转速请求电路到地	检查电池回路水泵转速请求控制回路
充电灯信号线 2 对地短路	充电灯 2 对地短路持续 120ms	充电灯 2 对地短路	检查充电灯信号电路
充电灯信号线 2 开路	充电灯 2 开路持续 120ms	充电灯 2 开路	检查充电灯信号电路
充电灯信号线 2 对电源短路或过电流	充电灯 2 对电源短路或过电流持续 120ms	充电灯 2 对电源短路或过电流	检查充电灯信号电路
充电灯信号线 2 驱动故障（驱动与控制命令不一致）	充电灯 2 驱动与控制命令不一致持续 120ms	充电灯 2 驱动故障	检查充电灯信号电路
充电灯信号线 3 对地短路	充电灯 3 对地短路持续 120ms	充电灯 3 对地短路	检查充电灯信号电路
充电灯信号线 3 开路	充电灯 3 开路持续 120ms	充电灯 3 开路	检查充电灯信号电路
充电灯 3 对电源短路或过电流	充电灯 3 对电源短路或过电流持续 120ms	充电灯 3 对电源短路或过电流	检查充电灯信号电路
充电灯信号线 3 故障（驱动与控制命令不一致）	充电灯 3 驱动与控制命令不一致持续 120ms	充电灯 3 驱动故障	检查充电灯信号电路
充电灯信号线 4 对地短路	充电灯 4 对地短路持续 120ms	充电灯 4 对地短路	检查充电灯信号电路

故障 / 诊断显示	故障生成 / 故障内容	可能故障原因	故障点
充电灯信号线 4 开路	充电灯 4 开路持续 120ms	充电灯 4 开路	检查充电灯信号电路
充电灯信号线 4 对电源短路或过电流	充电灯 4 对电源短路或过电流持续 120ms	充电灯 4 对电源短路或过电流	检查充电灯信号电路
充电灯信号线 4 故障（驱动与控制命令不一致）	驱动与控制命令不一致持续 120ms	充电灯 4 驱动故障	检查充电灯信号电路
倒车灯驱动开路	倒车灯驱动开路持续 120ms	倒车灯驱动开路	检查倒车灯驱动电路
倒车灯驱动短路到地或过电流	倒车灯驱动过电流或短路到地持续 120ms	倒车灯驱动过电流或短路到地	检查倒车灯驱动电路
倒车灯驱动对电源短路	倒车灯驱动对电源短路持续 120ms	倒车灯驱动对电源短路	检查倒车灯驱动电路
倒车灯驱动故障（驱动与控制命令不一致）	倒车灯驱动与控制命令不一致持续 120ms	倒车灯驱动故障	检查倒车灯驱动电路
制动灯继电器驱动对地短路	制动灯继电器驱动对地短路持续 120ms	制动灯继电器驱动对地短路	检查制动灯驱动回路
制动灯继电器驱动开路	制动灯继电器驱动开路持续 120ms	制动灯继电器驱动开路	检查制动灯驱动回路
制动灯继电器驱动对电源短路或过电流	制动灯继电器驱动对电源短路或过电流持续 120ms	制动灯继电器驱动对电源短路或过电流	检查制动灯驱动回路
制动灯继电器驱动故障（驱动与控制命令不一致）	制动灯继电器驱动与控制命令不一致持续 120ms	制动灯继电器驱动故障	检查制动灯驱动回路
驱动互锁输出对电源短路	驱动互锁输出对电源短路持续 120ms	驱动互锁输出对电源短路	检查驱动高压互锁输出回路
驱动互锁输出对地短路	驱动互锁输出对地短路持续 120ms	驱动互锁输出对地短路	检查驱动高压互锁输出回路
驱动互锁输出频率超范围	控制频率小于 90Hz 或者大于 110Hz	高压互锁输出回路短路至其他信号线导致	检查线束
驱动互锁输出占空比超范围	采集占空比小于 40% 或者大于 60%	高压互锁输出回路短路至其他信号线导致	检查线束
L9788_MSC 通信故障	连续 3 次通信失败	VCU 内部故障	换 VCU
L9788 配置数据错误	检测到 L9788 配置数据错误	VCU 内部故障	换 VCU
EEPROM 读写数据故障	EEPROM 读写数据超时	VCU 内部故障	换 VCU
L9788 定时唤醒功能，提前唤醒	未达到计时时间，VCU 被唤醒	VCU 内部故障	换 VCU
加速踏板位置传感器 1 电压过高	加速踏板位置传感器 1 电压高于 4.7V 持续 100ms	加速踏板位置传感器短路到电源	检查加速踏板位置传感器电路或更换踏板
加速踏板位置传感器 1 电压过低	加速踏板位置传感器 1 电压低于 0.3V 持续 100ms	加速踏板位置传感器短路到地或开路	检查加速踏板位置传感器电路或更换踏板

第 1 章

第 2 章

第 3 章

第 4 章

第 5 章

第 6 章

第 7 章

续表

故障 / 诊断显示	故障生成 / 故障内容	可能故障原因	故障点
加速踏板位置传感器 2 电压过高	加速踏板位置传感器 2 电压 × 2 高于 4.7V 持续 100ms	加速踏板位置传感器短路到电源	检查加速踏板位置传感器电路或更换踏板
加速踏板位置传感器 2 电压过低	加速踏板位置传感器 2 电压 × 2 低于 0.3V 持续 100ms	加速踏板位置传感器短路到地或开路	检查加速踏板位置传感器电路或更换踏板
两路加速踏板同步故障	两路加速踏板同步故障，偏差大于 4%	线路故障或传感器损坏	检查加速踏板位置传感器电路或更换踏板
选挡信号线 D 电压过高	选挡信号线电压高于 4.5V 持续 100ms	挡位信号短路到电源	检查换挡杆传感器电路，更换换挡拨杆
选挡信号线 D 电压过低	选挡信号线电压低于 0.5V 持续 100ms	挡位信号短路到地或开路	检查换挡杆传感器电路，更换换挡拨杆
选挡信号线 N 电压过高	选挡信号线电压高于 4.5V 持续 100ms	挡位信号短路到电源	检查换挡杆传感器电路，更换换挡拨杆
选挡信号线 N 电压过低	选挡信号线电压低于 0.5V 持续 100ms	挡位信号短路到地或开路	检查换挡杆传感器电路，更换换挡拨杆
选挡信号线 R 电压过高	选挡信号线电压高于 4.5V 持续 100ms	挡位信号短路到电源	检查换挡杆传感器电路，更换换挡拨杆
选挡信号线 R 电压过低	选挡信号线电压低于 0.5V 持续 100ms	挡位信号短路到地或开路	检查换挡杆传感器电路，更换换挡拨杆
选挡信号线 P 电压过高	选挡信号线电压高于 4.9V 持续 100ms	挡位信号短路到电源	检查换挡拨杆信号，或更换新件
选挡信号线 P 电压过低	选挡信号线电压低于 0.1V 持续 100ms	挡位信号短路到地或开路	检查换挡拨杆信号，或更换新件
BMS 故障级别	BMS 发送故障级别	BMS 故障级别（1 ~ 5）	读取 BMS 的故障码
制动系统失效	ESP 发送液压制动器助力系统和机电伺服助力系统都失效故障	液压制动器助力系统和机电伺服助力系统都失效	读取 ESP 的故障码
接收到来自 ESP 的无效报文 ESP_Accel	接收无效报文连续 10 个周期	ESP 故障，CAN 线路故障	检查 ESP 及 CAN 线路
DC 充电口温度传感器 1 电压过低	DC 充电口温度传感器 1 电路电压低于 0.1V 持续 100ms	DC 充电口温度传感器 1 电路短路到地或开路	检修 DC 充电口温度传感器电路
DC 充电口温度传感器 1 电压过高	DC 充电口温度传感器 1 电路电压超过 4.95V 持续 100ms	DC 充电口温度传感器 1 短路到电源	检修 DC 充电口温度传感器电路
DC 充电口温度传感器 2 电压过低	DC 充电口温度传感器 2 电路电压低于 0.1V 持续 100ms	DC 充电口温度传感器 2 电路短路到地或开路	检修 DC 充电口温度传感器电路
DC 充电口温度传感器 2 电压过高	DC 充电口温度传感器 2 电路电压超过 4.95V 持续 100ms	DC 充电口温度传感器 2 短路到电源	检修 DC 充电口温度传感器电路

故障 / 诊断显示	故障生成 / 故障内容	可能故障原因	故障点
AC 充电口温度传感器 1 电压过低	AC 充电口温度传感器电路 1 电压低于 0.1V 持续 100ms	AC 充电口温度传感器 1 电路短路到地或开路	检修 AC 充电口温度传感器电路
AC 充电口温度传感器 1 电压过高	AC 充电口温度传感器电路 1 电压超过 4.95V 持续 100ms	AC 充电口温度传感器 1 短路到电源	检修 AC 充电口温度传感器电路
AC 充电口温度传感器 2 电压过低	AC 充电口温度传感器电路 2 电压低于 0.1V 持续 100ms	AC 充电口温度传感器 2 电路短路到地或开路	检修 AC 充电口温度传感器电路
AC 充电口温度传感器 2 电压过高	AC 充电口温度传感器电路 2 电压超过 4.95V 持续 100ms	AC 充电口温度传感器 2 短路到电源	检修 AC 充电口温度传感器电路
AC 充电口温度传感器 3 电压过低	AC 充电口温度传感器电路 3 电压低于 0.1V 持续 100ms	AC 充电口温度传感器 3 电路短路到地或开路	检修 AC 充电口温度传感器电路
AC 充电温度传感器 3 电压过高	AC 充电口温度传感器电路 3 电压超过 4.95V 持续 100ms	AC 充电口温度传感器 3 短路到电源	检修 AC 充电口温度传感器电路
DC 充电口 1 温度过高	DC 充电口温度高于 110℃ 持续 100ms	充电枪接触不良或充电电流过大	检查充电连接器是否被氧化
DC 充电口 2 温度过高	DC 充电口温度高于 110℃ 持续 100ms	充电枪接触不良或充电电流过大	检查充电连接器是否被氧化
AC 充电口 1 温度过高	AC 充电口 1 温度高于 110℃ 持续 100ms	充电枪接触不良或充电电流过大	检查充电连接器是否被氧化
AC 充电口 2 温度过高	AC 充电口 2 温度高于 110℃ 持续 100ms	充电枪接触不良或充电电流过大	检查充电连接器是否被氧化
AC 充电口 3 温度过高	AC 充电口 3 温度高于 110℃ 持续 100ms	充电枪接触不良或充电电流过大	检查充电连接器是否被氧化
DC/DC 故障	DC/DC 发送故障级别 ≠ 0	DC/DC 发送故障级别 ≠ 0	读取 DC/DC 的故障码
EBS 电流状态故障	EBS 电流状态故障持续 100ms	蓄电池传感器线路接触不良	更换传感器
EBS 电压状态故障	EBS 电压状态故障持续 100ms	蓄电池传感器线路接触不良	更换传感器
EBS 温度状态故障	EBS 温度状态故障持续 100ms	蓄电池传感器线路接触不良	更换传感器
EBS 标定数据故障	EBS 标定数据故障 100ms	蓄电池传感器故障	更换传感器
EBS ECU 故障	EBS ECU 故障 100ms	蓄电池传感器故障	更换传感器
EBS LIN 故障	LIN 故障 100ms	蓄电池传感器故障或 LIN 线路故障	更换传感器
驱动回路 HVIL 故障	检测到驱动回路 PWM 硬线信号异常持续 100ms	驱动 HVIL 回路上的 HVIL 插接件或硬线断开	测量此高压互锁回路各个高压部件的互锁线是否导通、插接件是否松动

续表

故障/诊断显示	故障生成/故障内容	可能故障原因	故障点
电池回路 HVIL 故障	接收到 BMS 的高压互锁故障信号持续 100ms	电池 HVIL 回路上的 HVIL 插接件或硬线断开	测量此高压互锁回路各个高压部件的互锁线是否导通、插接件是否松动
充电回路 HVIL 故障	接收到 OBC 的高压互锁故障信号持续 100ms	充电 HVIL 回路上的 HVIL 插接件或硬线断开	测量此高压互锁回路各个高压部件的互锁线是否导通、插接件是否松动
碰撞硬线无效	碰撞故障	线路短路、断路或安全气囊控制器故障	检查线路，检查安全气囊控制器
电池系统水泵干转	电池系统水泵反馈干转持续 10s	冷却回路冷却液低	检修冷却回路
电池系统水泵堵转	电池系统水泵反馈堵转持续 10s	冷却回路堵塞	检修冷却回路
电池系统水泵过温关机	电池系统水泵反馈过温关机持续 10s	水泵系统反馈过温	冷却回路堵塞
电池系统水泵转速过低	电池系统水泵转速过低持续 10s	水泵系统反馈转速过低	冷却回路堵塞
驱动系统水泵干转	驱动系统水泵反馈干转 10s	冷却回路冷却液低	检修冷却回路
驱动系统水泵堵转	驱动系统水泵反馈堵转 10s	冷却回路堵塞	检修冷却回路
驱动系统水泵过温关机	驱动系统水泵系统反馈过温关机 10s	水泵系统反馈过温	检修冷却回路
驱动系统水泵转速过低	驱动系统水泵反馈过温则转速过低	水泵系统反馈转速过低	检修冷却回路
风扇过温故障	风扇反馈过温故障持续 10s	风扇过温故障	检查风扇系统
风扇堵转故障	风扇反馈堵转故障持续 10s	风扇反馈堵转故障	检查风扇系统
风扇内部线束短路、开路故障	风扇反馈短路、开路故障持续 10s	风扇内部线束短路、开路故障	检查风扇系统
风扇内部错误故障	风扇反馈内部错误故障持续 10s	风扇电子故障、处理器故障、无 KL.30	检查风扇系统
驱动电机冷却液温度传感器电压过低	驱动电机冷却液温度传感器电压低于 0.1V 持续 100ms	驱动电机冷却液温度传感器短路到地或开路	检查驱动电机冷却液温度传感器电路
驱动电机冷却液温度传感器电压过高	驱动电机冷却液温度传感器电压高于 4.95V 持续 100ms	驱动电机冷却液温度传感器短路到电源	检查驱动电机冷却液温度传感器电路
动力电池冷却液温度传感器电压过低	动力电池冷却液温度传感器电压低于 0.1V 持续 100ms	动力电池冷却液温度传感器短路到地或开路	检查驱动电池冷却液温度传感器电路
动力电池冷却液温度传感器电压过高	动力电池冷却液温度传感器电压高于 4.95V 持续 100ms	动力电池却液温度传感器短路到电源	检查驱动电池冷却液温度传感器电路
ODP 快充插接件温度过高	ODP 快充插接件正极或负极温度大于或等于 110℃，持续 100ms	ODP 快充插接件接触电阻高或温度传感器故障	检查 ODP 快充插接件或温度传感器

续表

故障／诊断显示	故障生成／故障内容	可能故障原因	故障点
直流充电口温度校验合理性故障	条件1:拔充电枪60s（TBD）后 条件2：直流充电口温度传感器1和直流充电口温度传感器2的温差大于或等于10℃（TBD），条件1且条件2成立，持续10s	直流充电口温度传感器故障	检查直流充电口温度传感器及传感器线路
钥匙信号不匹配合理性故障	钥匙的CAN信号与硬线信号不一致，持续100ms	钥匙CAN信号或硬线信号故障	检查钥匙信号CAN网络、网关或硬线电路
钥匙防盗请求超时或防盗校验失败合理性故障	条件1:keyon后收到防盗状态超时 条件2:keyon后收到防盗状态或防盗校验失败条件1或条件2成立	钥匙认证超时或失败	检查PEPS、VCU硬件及CAN网络
主继电器回采信号开路合理性故障	条件1:主继电器闭合指令!=主继电器回采状态，超过50ms 条件2：接收到BMS和IPU报文条件1且条件2成立	主继电器指令芯片故障或指令控制线故障或主继电器回采信号线断路	检查主继电器指令芯片或指令控制线故障或主继电器回采信号线
VCU休眠超时合理性故障	应用层发送休眠指令后，VCU超过60s不休眠	VCU底层代码故障或硬件故障	检查VCU底层代码或硬件
IPU休眠超时合理性故障	断开Main Power Relay后，IPU超过2s不停发报文	IPU故障或CAN网络故障	检查IPU或CAN网络
OBC休眠超时合理性故障	断开Main Power Relay后，OBC超过2s不停发报文	OBC故障或CAN网络故障	检查OBC或CAN网络
BMS休眠超时合理性故障	断开Main Power Relay后，BMS超过2s不停发报文	BMS故障或CAN网络故障	检查BMS或CAN网络
快速放电超时合理性故障	IPU快速放电超时（≥5s）	IPU故障或CAN网络故障	检查IPU或CAN网络
上低压电后，IPU状态处于初始化状态超时	IPU状态停留在默认值或者初始化状态持续2s	IPU软件故障或CAN网络故障	检查IPU软件或CAN总线
BMS充电电流合理性故障	—	BMS软件故障或充电机／桩故障	检查BMS软件或充电机／桩
DC/DC未按VCU指令使能合理性故障	—	DC/DC软件故障或CAN网络故障	检查DC/DC软件或CAN总线
DC/DC输出电流异常合理性故障	—	DC/DC低压输出端线路故障	检查DC/DC低压输出端连接线束
PEPS请求退出Ready合理性故障	车速＞3km/h或挡位处于D挡或R挡，且PEPS发送退出Ready激活报文	PEPS软件故障	检查PEPS软件

第1章　第2章　第3章　第4章　第5章　第6章　第7章

续表

故障 / 诊断显示	故障生成 / 故障内容	可能故障原因	故障点
恒压或恒流模式下，PTC 不响应 VCU 加热请求	—	HVAC 软件故障或空调系统故障	检查 HVAC 软件或空调系统
恒压模式下，ACP 不响应 VCU 冷却请求	—	HVAC 软件故障或空调系统故障	检查 HVAC 软件或空调系统
四通阀故障	—	四通阀故障	检查四通阀
P 挡开关 S2 接触不良（S1 闭合时 S2 断开）	P 挡信号电压在 2.27～2.56V 区间内，持续 10s	P 挡开关线路故障	检查 P 挡开关部件及线束
P 挡开关 S1 接触不良（S2 闭合时 S1 断开）	P 挡信号电压在 3.04～3.33V 区间内，持续 10s	P 挡开关线路故障	检查 P 挡开关部件及线束
VCU 接收到 iBCM_SysSt1（CCAN）无效报文	接收无效报文连续 10 个周期	iBCM 或 CGW 故障，CAN 线路故障	检查 iBCM 或 CGW 及 CAN 线路
VCU 接收到 DM_SRS_SysSt（ECAN）无效报文	接收无效报文连续 10 个周期	SRS 或 CGW 故障，CAN 线路故障	检查 SRS 或 CGW 及 CAN 线路
VCU 接收到 SRS_SysSt（CCAN）无效报文	接收无效报文连续 10 个周期	SRS 或 CGW 故障，CAN 线路故障	检查 SRS 或 CGW 及 CAN 线路
VCU 接收到 IBT_SysSt2 无效报文	接收无效报文连续 10 个周期	IBT 故障，CAN 线路故障	检查 IBT 及 CAN 线路
与 CDC 中断通信	任何一条被监测报文连续丢失 10 个周期	CDC 故障，CAN 线路故障	检查 CDC 及 CAN 线路
需求机械功率与实际电功率差异大	—	IGBT 烧坏或电机控制器失控或其他附件出现短路	检查 IGBT 或电机控制器或其他附件
Task 异常	Task 运行周期不稳定	VCU 芯片故障	换 VCU
看门狗复位次数 ≥ 4 次	Reset_CNT ≥ 4	VCU 芯片故障	换 VCU
BMS_BattSysCode 报文丢失	BMS_BattSysCode（0×1DB）报文丢失	BMS 故障，CAN 线路故障	检查 BMS 及 CAN 线路
VCU 未绑定电池编码	VCU 未绑定电池编码	VCU 未绑定电池编码	绑定电池编码
电池编码内容无效	接收无效电池编码内容	BMS 故障，CAN 线路故障	检查 BMS 及 CAN 线路
电池编码匹配失败	电池编码匹配失败	电池编码匹配失败	① 确认电池包更换流程 ② 检查 BMS 是否正确发出编码

2 检查加速踏板电气故障

（1）检查加速踏板位置传感器 1 与整车控制器之间的电路是否断路。

检测要点：执行车辆下电程序。断开加速踏板位置传感器线束插接器和整车控制器线束插接器。

以电路图 7-8 为例，按照表 7-6 所示检测其电路电阻。如果不符合应测得结果，那么维修或更换线束。如果线束正常，则需要按照表 7-7 所示检查加速踏板位置传感器 2 与整车控制器之间的电路是否断路。如果不符合应测得结果，那么维修或更换线束。如果线束正常，则需要按照表 7-8 检查加速踏板位置传感器是否对地短路。

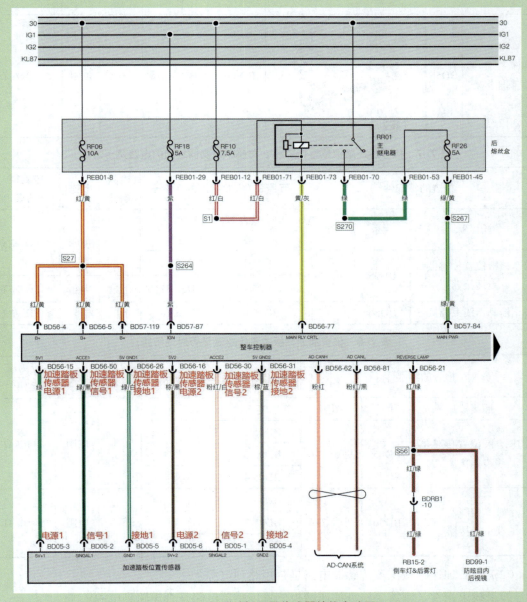

图 7-8　加速踏板位置传感器检修电路图

表 7-6　检测加速踏板位置传感器 1 与整车控制器之间的电路是否断路

检查的零部件			万用表 / 表笔探测的两端子		检测条件	状态	应测得结果
插接器	代号	图示	红 / 黑表笔连接	黑 / 红表笔连接			
加速踏板位置传感器线束插接器	BD05	<center>加速踏板位置传感器信号 1 加速踏板位置传感器电源 传感器信号2 传感器信号2 传感器接地2 加速踏板位置传感器接地 1 　电源2</center>	BD05/2	BD56/50	下电	电阻	< 1Ω 左右
			BD05/3	BD56/15	下电	电阻	< 1Ω 左右
整车控制器线束插接器	BD56	<center>加速踏板位置传感器电源 1　加速踏板位置传感器电源2 信号2 接地2 加速踏板位置　加速踏板位置传感器信号1 传感器接地 1</center>	BD05/5	BD56/26	下电	电阻	< 1Ω 左右

表 7-7　检查加速踏板位置传感器 2 与整车控制器之间的电路是否断路

检查的零部件			万用表 / 表笔探测的两端子		检测条件	状态	应测得结果
插接器	代号	图示	红 / 黑表笔连接	黑 / 红表笔连接			
加速踏板位置传感器线束插接器	BD05	见表 7-6	BD05/1	BD56/30	下电	电阻	< 1Ω 左右
			BD05/4	BD56/31	下电	电阻	< 1Ω 左右
整车控制器线束插接器	BD56	见表 7-6	BD05/6	BD56/16	下电	电阻	< 1Ω 左右

表 7-8　检查加速踏板位置传感器是否对地短路

检查的零部件			万用表 / 表笔探测的两端子		检测条件	状态	应测得结果
插接器	代号	图示	红表笔连接	黑表笔连接			
加速踏板位置传感器线束插接器	BD05	见表 7-6	BD05/2	车身	下电	电阻	≥ 10kΩ
			BD05/3	车身			
			BD05/4	车身			
整车控制器线束插接器	BD56	见表 7-6	BD05/1	车身	下电	电阻	≥ 10kΩ
			BD05/2	车身			
			BD05/3	车身			

（2）检查加速踏板位置传感器电路是否短路到电源。

如果线束正常，则需要检查加速踏板位置传感器电路是否短路到电源。

220

（3）检查加速踏板位置传感器电路是否短路到电源。

检查要点：执行车辆下电程序，断开加速踏板位置传感器线束插接器和整车控制器线束插接器，然后再执行车辆上电程序。按照表 7-9 及电路图 7-9 检查加速踏板位置传感器电路是否对电源短路。如果线路正常，则更换加速踏板位置传感器；假如更换了加速踏板位置传感器还存在加速踏板位置传感器供电对电源短路、加速踏板位置传感器供电过电流或对地短路、加速踏板位置传感器电压过高或过低，以及两路加速踏板同步故障的故障信息，那么可以确定问题在控制器，应更换控制器。

表 7-9　检测加速踏板位置传感器电路是否短路到电源

检查的零部件			万用表 / 表笔探测的两端子		检测条件	状 态	应测得结果
连接器	代号	图示	红表笔连接	黑表笔连接			
加速踏板位置传感器线束连接器	BD05	见表 7-6	BD05/2	车身	上电	电压	0V
			BD05/3	车身			
			BD05/5	车身			
整车控制器线束连接器	BD56	见表 7-6	BD05/1	车身	上电	电压	0V
			BD05/4	车身			
			BD05/6	车身			

3　检查制动踏板电气故障

（1）检查制动踏板开关。

检查要点：执行车辆下电程序，断开制动踏板开关线束连接器。按照表 7-10 及电路图 7-9 检测其电路，如果不符合应测得结果，那么更换制动踏板开关。如果测得正常，则需要检查制动踏板开关也整车控制器之间的电路情况。

表 7-10　检测制动踏板开关

检查的零部件			万用表 / 表笔探测的两端子		检测条件	状态	应测得结果
插接器	代号	图示	红 / 黑表笔连接	黑 / 红表笔连接	踩下制动踏板	电阻	< 1Ω 左右
制动踏板开关线束插接器	BD06		BD06/1	BD06/2			
			BD06/3	BD06/4	松开制动踏板	电阻	< 1Ω 左右

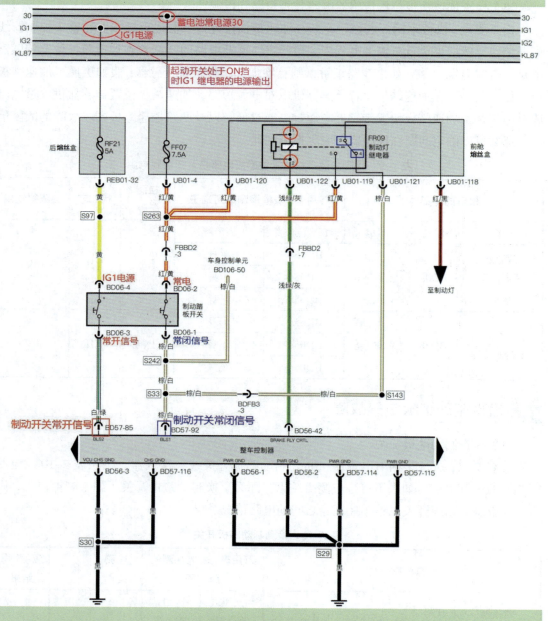

图7-9 制动踏板开关和整车控制器检修电路图

（2）检查制动踏板开关与整车控制器之间的电路。

检查要点：执行车辆下电程序。断开制动踏板开关线束连接器和整车控制器线束连接器。按照表7-11以及电路图7-9检测其电路，如果不符合应测得结果，那么维修或更换线束。如果线束正常，则需要按照表7-12检查制动踏板开关电路是否对地短路。

（3）检查制动踏板开关电路是否短路到电源。

检查要点：执行车辆下电程序，断开制动踏板开关线束连接器和整车控制器线束连接器，然后执行车辆上电程序。按照表 7–13 和电路图 7–9 检查其电路是否对正极短路。如果不符合应测得结果，那么维修或更换线束。如果线束正常，那么故障就出在整车控制器上。

表 7–11 检测制动踏板开关与整车控制器之间的电路

检查的零部件			万用表 / 表笔探测的两端子		检测条件	状态	应测得结果
插接器	代号	图示	红 / 黑表笔连接	黑 / 红表笔连接			
制动踏板开关线束插接器	BD06	见表 7–10	BD06/1	BD57/92	下电	电阻	< 1Ω 左右
整车控制器线束插接器	BD57	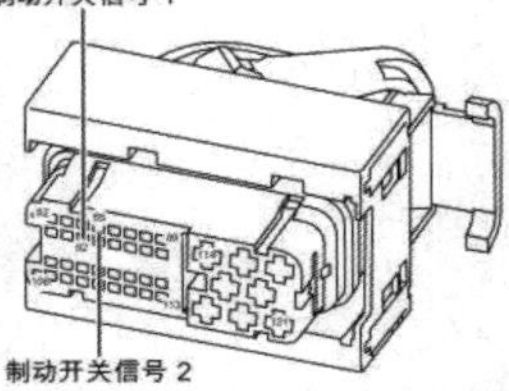 制动开关信号 1 制动开关信号 2	BD06/3	BD57/85	下电	电阻	< 1Ω 左右

表 7–12 检查制动踏板开关电路是否对地短路

检查的零部件			万用表 / 表笔探测的两端子		检测条件	状态	应测得结果
插接器	代号	图示	红表笔连接	黑表笔连接			
加速踏板位置传感器线束插接器	BD06	见表 7–10	BD06/1	车身	下电	电阻	≥ 10kΩ
			BD06/3	车身			

表 7–13 检测制动踏板开关电路是否对正极短路

检查的零部件			万用表 / 表笔探测的两端子		检测条件	状态	应测得结果
插接器	代号	图示	红表笔连接	黑表笔连接			
加速踏板位置传感器线束插接器	BD06	见表 7–10	BD06/1	车身	上电	电阻	0V
			BD06/3	车身			

7.3　整车控制系统维修与操作

7.3.1 拆装整车控制器

1 拆卸程序

（1）准备和外围部件拆卸。

整车控制器拆卸很简单，这里不用太多讲解。如更换整车控制器，先用诊断仪进行模块换件准备工作。

1）关闭所有用电器，车辆下电。

2）断开蓄电池负极极夹。

3）如果 VCU 安装在座椅下边，要拆卸坐垫。

（2）拆卸整车控制器（见图 7-10）。

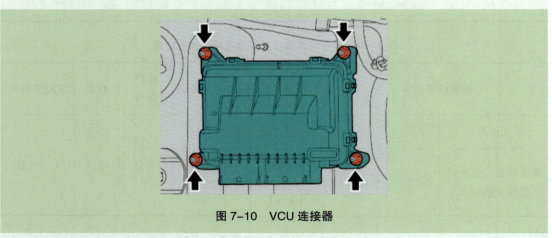

图 7-10　VCU 连接器

1）断开整车控制器连接器。

2）旋出整车控制器固定螺母。

3）取出整车控制器。

2 安装程序

安装程序以拆卸的倒序进行，同时注意，如果更换了整车控制器，需要进行整车控制器防盗认证。

7.3.2 ｜拆卸加速踏板

1 准备和外围部件拆卸

（1）关闭所有用电器，车辆下电。

（2）断开蓄电池负极极夹。

2 拆卸加速踏板总成

（1）旋出加速踏板总成固定螺栓。

（2）使用平头螺钉旋具，在图 7-11 的 B 位置按压并脱开固定卡扣，拆下加速踏板总成。

（3）断开连接插头，取出加速踏板总成。

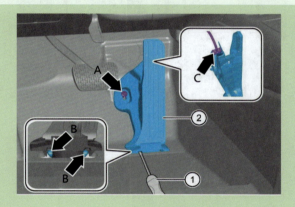

图 7-11　拆卸加速踏板

①—螺钉旋具；②—加速踏板总成；A—固定螺栓；B—卡扣

7.3.3 ｜拆卸制动灯开关

1 准备和外围部件拆卸

（1）关闭所有用电器，车辆下电。

（2）断开蓄电池负极极夹。

（3）拆卸左下静音板总成。

（4）拆卸左下饰板总成。

2 拆卸制动灯开关

（1）断开制动灯开关连插接头。

（2）沿着图 7-12 所示箭头 B 方向将制动灯开关旋转至卡槽位置。

（3）取出制动灯开关。

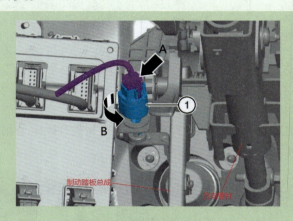

图 7-12　拆卸制动灯开关

①—制动灯开关；A—插头；B—拆卸旋转方向